A COMUNICAÇÃO INTERNA [EM] REVISTA

O relacionamento entre empresa, liderança e funcionários retratado em uma publicação focada em gestão de pessoas

Gumae Carvalho

A COMUNICAÇÃO INTERNA [EM] REVISTA

O relacionamento entre empresa, liderança e funcionários retratado em uma publicação focada em gestão de pessoas

QUALITYMARK

Direção Editorial	Produção Editorial
SAIDUL RAHMAN MAHOMED editor@qualitymark.com.br	**EQUIPE QUALITYMARK**

Capa	Editoração Eletrônica
EQUIPE QUALITYMARK	**PS DESIGNER**

Foto do Autor
GUSTAVO MORITA

CIP-Brasil. Catalogação na fonte
Sindicato Nacional dos Editores de Livros, RJ

C321c

Carvalho, Gumae
A comunicação interna (em) revista : o relacionamento entre empresa, liderança e funcionários retratado em uma publicação focada em gestão de pessoas / Gumae Carvalho. – 1. ed. – Rio de Janeiro : Qualitymark Editora, 2016.
248p. ; 21 cm.

Inclui bibliografia
ISBN 978-85-414-0317-7

1. Comunicação nas organizações. 2. Planejamento estratégico. 3. Cultura organizacional. 4. Recursos humanos. I. Título.

16-34831

CDD: 658.45
CDU: 005.57

2016
IMPRESSO NO BRASIL

Qualitymark Editora Ltda.

Rua Teixeira Júnior, 441 – São Cristóvão
20921-405 – Rio de Janeiro – RJ
Tel.: (21) 3295-9800

www.qualitymark.com.br
E-mail: quality@qualitymark.com.br
Fax: (21) 3295-9824

Aos meus pais, que nunca deixaram
de me apoiar, mesmo à distância.

À minha esposa Rachel, pela ajuda, compreensão
e sobretudo amor – sempre presente em todos os momentos.

Só depois que a tecnologia inventou o telefone,
o telégrafo, a televisão, a internet, foi que se descobriu
que o problema de comunicação mais sério era o de perto.

Millôr Fernandes

Agradecimentos

Neste trabalho, algumas palavras têm presença constante. Liderança, significados, confiança, engajamento, propósito e relacionamento são alguns exemplos. Chegar até eles, compreender seu alcance, criar um sentido e moldá-lo em um texto só foi possível porque tive o prazer e a sorte de ter pessoas especiais ao meu lado.

Da ideia inicial até a última linha das referências, contei com a atenção e a amizade de Viviane Mansi, que tem se transformado em uma orientadora de todas as horas, uma mestra! Sem seu carinho e paciência, eu ainda estaria sem rumo e sem conhecer tanta gente boa que pensa comunicação interna e organizacional. E sobretudo, sem sua confiança, deixaria de ser eu mesmo em cada linha, intertítulo e título deste trabalho.

Agradeço também a dois outros professores. Um é José Eugenio de Menezes, que me apresentou Vilém Flusser. Foi uma das leituras mais instigantes que já fiz. Dessas que permanecem na cabeça e ficam criando novas conexões com o mundo fora dela. O outro é Júlio César Barbosa, que muito me incentivou na volta ao mundo acadêmico depois de um *longo inverno*.

Na Editora Segmento, agradeço a atenção de Edimilson Cardial e Rubem Barros e, em especial, à dedicação de minhas *meninas*, Karin Hetschko e Renata da Silva – que cuidaram muitíssimo bem da revista e do site da MELHOR em minhas ausências que colimam, agora, neste trabalho. Isso sem contar com a atenção sempre valiosa de Luiz Roberto Malta, o homem que aparou muitas arestas neste texto e que sempre nos delicia com suas histórias e grande sabedoria.

Outros sábios também merecem um agradecimento. Luiz Augusto Costa Leite e Luiz Edmundo Rosa são mentores especiais, que muito me ajudaram a compreender a real dimensão da gestão de pessoas e da área de recursos humanos, ao lado de Eugenio Mussak, Marcos Nascimento, César Souza e Theunis Marinho.

Eugenio Mussak é o líder que nos inspira a sermos sempre melhores, um educador no mais nobre sentido da palavra. Marcos Nascimento é um companheiro de jornada na revista que, com seus textos e conversas, tem me ensinado muito sobre os meandros da gestão e de pessoas. César Souza é aquele que nos instiga a pensar fora da caixa, a buscar sempre outro olhar, tudo em uma velocidade surpreendente. Theunis Marinho é exemplo de liderança, com suas lições e exemplos valiosos, de uma carreira que começou em RH, chegando à presidência de uma empresa.

Todos esses relacionamentos se deram em função de meu trabalho como editor da revista oficial da Associação Brasileira de Recursos Humanos (ABRH-Brasil), a quem agradeço pela confiança, por meio de duas pessoas: Leyla Nascimento e Elaine Saad.

Também é preciso destacar Ruy Shiozawa e Vânia Bueno. Shiozawa está sempre pronto ajudar, seja em pautas ou neste trabalho, trazendo o que há de melhor das melhores empresas para trabalhar. Vânia trouxe o brilho no olhar de que a comunicação tem um futuro brilhante e importante pela frente.

Por fim e não menos importante, quero agradecer a todos os jornalistas e colaboradores que vêm me ajudando a cuidar para que a revista MELHOR seja o que é hoje. Aos *frilas* que dedicam seu tempo e inteligência nas matérias que escrevem e aos especialistas e profissionais de recursos humanos que tanto contribuíram, como fontes ou autores de precisos artigos.

A todos vocês e a todos que minha memória precária deixou passar, muito obrigado por me ajudarem a encontrar um sentido a mais para ser comunicador.

Prefácio

Insights sobre o lugar da comunicação na vida organizacional

A sociedade tem mudado muito nas últimas décadas. Era de se esperar, portanto, que as empresas também mudassem, afinal, elas são feitas de pessoas. Parece algo trivial, mas nem tanto. As velhas fórmulas de sucesso tiveram de ser substituídas, o que não seria nenhum problema se tivéssemos tempo para os novos arranjos se acomodarem. Não temos. As mudanças são intensas e rápidas, e podem nos pregar peças. Com a agilidade que as coisas acontecem e a pressão do tempo, cada vez maior, acabamos consumindo informação superficial, criando comunicação superficial para os empregados e construindo relações superficiais com as pessoas.

Desses três breves impactos da contemporaneidade que eu acabo de citar, certamente a forma como criamos relações de confiança foi a mais abalada, e a que mais impacta a produtividade da empresa e a felicidade das pessoas. É, portanto, um tema que não podemos deixar para depois.

Nesse sentido, este livro que o leitor tem em mãos é um presente. Com linguagem simples, um humor sutil e a experiência de quem tem tido um olhar atento para as dinâmicas organizacionais, Gumae resgata o olhar de profissionais de recursos humanos a partir do que ele chama de "aventura cirúrgica" nas edições da revista

MELHOR, de longe a revista que tem feito a melhor cobertura de temas relacionados à comunicação presente nos temas de gestão, eficiência organizacional, clima e cultura organizacional.

Gumae não se ocupa apenas da prática, mas também retoma uma boa dose de referenciais teóricos para ajudar a entender os fenômenos que estão sendo debatidos. O leitor é convidado, então, a dialogar com profissionais e pesquisadores de diferentes áreas do conhecimento, tais como a administração, a comunicação, a antropologia social e a filosofia.

Visão diversa e necessária para entender o ponto de vista criado a partir do contexto da complexidade, que nos convida a compreender nossa empresa e nossas relações a partir da interdependência e do resultado no longo prazo, não só para a empresa, mas para as pessoas e para toda a sociedade. Ele retoma um sentido de comunicação com empregados – ou comunicação interna, como ele nomina – a partir de uma lógica menos funcionalista e mais estratégica, dando lugar de destaque ao empregado.

Fala da importância de as pessoas entenderem o seu papel no tecido corporativo, da necessidade de as empresas reverem a sua comunicação e incluírem este tema na formação das lideranças, lembra aos profissionais que lidam com a comunicação nas empresas que é preciso ir além das ferramentas, dando atenção à qualidade da interação entre as pessoas, ao impacto da comunicação informal, à mais-que-bem-vinda presença do líder.

Aliás, Gumae dá especial atenção à questão do líder como um comunicador, reconhecendo que esta comunicação sempre aconteceu, mas que agora é o momento de aprimorar esse processo. E que momento é esse? Aqui eu recupero as palavras de outro autor, Dov Seidman, que diz que precisamos ficar muito atentos à mudança na forma de contratar pessoas para que nossos empreendimentos sejam bem-sucedidos. Se durante a revolução industrial nós contratávamos "braços", na revolução do conhecimento passamos a contratar "cérebros". Agora, na era da colaboração, passamos a contratar "corações". O leitor já deve ter se dado conta de que ficou mais difícil chegarmos a um bom resultado, pois nos ensinaram a separar a razão da emoção. Nas palavras de Gumae, "se as organizações de ontem davam as costas para as pessoas, nos dias de hoje elas precisam abrir o coração, buscando serem transparentes, entendendo por transparência uma relação franca com seus *stakeholders*, inclusive, e, sobretudo, com esse grupo, seus empregados".

O que Gumae está nos dizendo, em outras palavras, é que, para ser efetiva, a comunicação tem de ser, também, afetiva. Não estamos falando de abraçar árvores, encher a empresa de corações e mimos ou sermos benevolentes, frouxos. Estamos falando de dar atenção ao que afeta as pessoas e, claro, as pessoas são afetadas por muitas coisas distintas, daí a necessidade de uma comunicação polifônica, que dê voz às pessoas, que esteja aberta a permitir que elas participem da vida organizacional com protagonismo.

Não são poucos os desafios, mas é preciso começar a encontrar soluções para eles, pois é preciso garantir que as empresas sejam lugares de realização pessoal e profissional. É preciso olhar para trás, reconhecer acertos e equívocos, aprender com eles, trazer novos olhares, mergulhar em assuntos profundos (e por vezes obscuros, pois não estamos acostumados a eles) e ajustar as lentes para ver melhor. É preciso, também, convidar nossos outros sentidos, como a escuta, para ajudar a fazer da comunicação uma grande aliada nesse processo. Como diz Lya Luft, pensar pede audácia, pois refletir é transgredir a ordem do superficial que nos pressiona tanto e escapar, na liberdade do pensamento, de tudo que trabalha obstinadamente para nos enquadrar.

Boa leitura!

Viviane Mansi
é mestre em comunicação, pesquisadora, professora, mãe e executiva

Nota ao Leitor

A ideia deste livro é fazer um grande diálogo. É permitir que muitas vozes apareçam e a partir delas outras vozes surjam, com novas reflexões – assim criamos mais conhecimento, mais significados.

Procurei manter um canal de conversa entre teoria e prática. Assim, na primeira parte do livro estão as vozes de autores sobre comunicação, organização, hierarquia, gestão e liderança. Elas conversam entre si, e na parte seguinte encontramos seus ecos em matérias e artigos publicados na revista MELHOR – Gestão de Pessoas. Nessa parte, ganham vozes profissionais de recursos humanos e demais gestores e líderes empresariais, bem como outros especialistas.

Espero que essas conversas sejam produtivas.

O autor.

Sumário

Agradecimentos IX
Prefácio XI
Nota ao Leitor XV

Parte 1 – Em Análise 1
Uma Revisão Bibliográfica da Comunicação 1
1.1. Começo de Tudo 3
Um Dedo de Prosa 3
1.2. Introdução 7
Qual o Propósito de Tudo Isso? 7
1.3. Sai o *o*, entra o *e* – entre outras coisas 15
O Paradigma da Complexidade 15
1.4. Da Vassalagem à Soberania 19
Como as Empresas Veem as Pessoas (e a Comunicação) 19
1.5. Com Peso, no Mercado 25
Os Colaboradores Querem Mais 25
1.6. Faça o Que Eu Digo, Mas 29
O Alinhamento Possível e Desejado na Comunicação 29

1.7. ... E Todos por Um! 33
Um Ser Chamado Organização 33
1.8. Entendido, Câmbio? 37
A Comunicação Organizacional 37
1.9. Esse Seu Jeito de Ser... 41
A Cultura e a Comunicação 41
1.10. Um Momento Mágico 47
A Comunicação Interna 47
1.11. Caminhando Contra o Vento 57
O Fluxo Formal e o Informal de Comunicação 57
1.12. Sabe Com Quem Está Falando? 61
A Comunicação e a Hierarquia 61
1.13. No Comando, Positivo e Operante! 65
A Gestão e a Comunicação 65
1.14. Quem Quer Ser Clark Kent? 75
A Liderança 75
1.15. É o Lobo! É o Lobo! 79
Por Que o Homem Vive em Grupos – e Com Líderes 79
1.16. Sucesso a Qualquer Preço? 83
A Ação Comunicativa e a Estratégica 83
1.17. O Corpo Pede Corpo 87
A Mídia Primária, a Secundária e a Terciária 87
1.18. Sem Ter Medo de se Abrir 91
A Comunicação na Sustentabilidade do Líder 91
1.19. No País das Maravihas. Ou dos Negócios 95

O (Novo) Perfil do Profissional de Comunicação ... 95

1.20. É o Fim! ... 97

A Comunicação, a Liderança e a Catástrofe ... 97

Parte 2 – Vale o Registro ... 105

A Comunicação Impressa ... 105

2.1. Outro Dedo de Prosa ... 107

Introdução ... 107

2.2. Vale o Escrito. E o Falado e o Digital Também ... 113

Porque é Importante Investir na Comunicação ... 113

2.3. Ninguém é Dono de Ninguém ... 119

A Comunicação e as Outras Áreas ... 119

2.4. Para Uso Diário ... 125

A Comunicação em Ações de Gestão ... 125

2.5. O War Corporativo ... 131

A Comunicação nos Processos de Fusão e Aquisição ... 131

2.6. Curtir e Compartilhar ... 137

A Comunicação nos Tempos das Redes Sociais ... 137

2.7. O Que os Olhos Não Veem (de Perto) ... 145

A Comunicação com Quem Não Fica na Empresa ... 145

2.8. Que Isso Sirva de Exemplo ... 149

O Líder na Comunicação Interna ... 149

2.9 ... Ir Aonde o Povo Está ... 155

A Comunicação do Principal Líder ... 155

Parte 3 – Você é Quem Diz 165
A Comunicação Opinada 165
3.1. Ô Abre Aspas Que Eu Quero Falar! 167
Executivos e Especialistas Tratam da Comunicação 167
Parte 4 – De Malas Prontas 179
Considerações Finais 179
O Que Levar Daqui 181
Um Balanço com Desafios e Oportunidades 181
Anexo 193
Entrevista 1 195
Vânia Bueno 195
Entrevista 2 205
Eugenio Mussak 205
Entrevista 3 211
Ruy Shiozawa 211
Referências 217

Parte 1

Em Análise

Uma Revisão Bibliográfica da Comunicação

Nesta primeira parte será realizada uma revisão bibliográfica abordando os principais aspectos da comunicação interna e organizacional, incluindo um olhar da complexidade nesse processo.

1.1. Começo de Tudo

Um Dedo de Prosa

Sempre gostei desta palavra e esperava usá-la algum dia: preâmbulo. Esta seria uma boa oportunidade, mas depois de muito conversar com os restos de lápis sobre a mesa (com os quais grifei textos, rascunhei esquemas, fiz mapas de conceito, escrevi e reescrevi muitos dos parágrafos que compuseram meu trabalho de pós-graduação que deu origem a este livro), julguei melhor usar o que está acima, como título.

Um dedo de prosa é algo breve, pessoal, que traz consigo uma carga interativa, de confiança – bem próxima do que pude vivenciar na cidade mineira de Barbacena, quando passei três anos na Escola Preparatória de Cadetes do Ar (EPCAr), instituição de ensino médio da Força Aérea Brasileira (FAB) que prepara os jovens que desejam ser oficiais aviadores para ingressarem na Academia da Força Aérea (AFA), na cidade paulista de Pirassununga.

E foi na escola mineira que tive um contato mais intenso com o conceito de liderança: no último ano do curso, fui alçado ao posto de líder do 3.º Esquadrão – minha turma, veterana, dona da escola, ávida por fazer tudo aquilo que não pudera nos dois anos anteriores... E eu tinha de manter as coisas em ordem.

Foi uma experiência muito gratificante: ser o líder de jovens que, aqueles que continuaram na carreira militar estão a poucos passos do posto de oficial general, que na FAB começa com Brigadeiro. Fora da caserna, muitos são professores, advogados, administradores, médicos e... um jornalista.

Naquela época, aprendi no dia a dia a importância do diálogo, fosse na minha atuação junto à turma, fosse observando alguns oficiais com os quais tínhamos contato (alguns, diga-se, serviram de bons e outros de nem tão bons exemplos).

Passadas algumas décadas, eis que olho para minha carreira e miro os voos que fiz. Ainda na faculdade, paralelamente ao trabalho em uma empresa de *clipping* (que buscava em jornais e revistas matérias sobre determinadas empresas clientes), participei da criação de um fanzine com um grupo de amigos, o Panacea. Passei depois por algumas assessorias de imprensa, na época em que não havia *e-mail* e a figura mais valorizada era o fax (ao lado do conhecido *follow up*), quando não os correios – responsáveis pela entrega dos *press-releases* cuidadosamente dobrados e encaixados em um envelope. Fui professor assistente de ética jornalística na Faculdade Cásper Líbero, onde me graduara, e onde também acumulava a função de editor de um jornal laboratório com os alunos do primeiro ano. E finalmente, depois dessas experiências, encontrei a revista MELHOR – Gestão de Pessoas, publicação oficial da Associação Brasileira de Recursos Humanos (ABRH-Brasil), em dezembro de 1999 (em junho de 2004 assumi o cargo de editor).

Mas foi durante o curso de pós-graduação da Faculdade Cásper Líbero, com foco em comunicação organizacional, que pude ligar de forma mais consistente os vários pontos e aprendizados desse conjunto de voos.

Em meio a pautas referentes a recursos humanos, gestão de pessoas e liderança, sempre me pareceu que temas como interação e administração de conflitos, por exemplo, não fossem da alçada do profissional de comunicação – este até poderia ajudar, indicando um especialista para falar sobre isso a partir de uma demanda de outro gestor, como o de RH, por exemplo. Na verdade, ele (o profissional de comunicação) até pode indicar alguém, mas percebi que tem um papel que vai muito além disso.

Para mim, era clara a necessidade de o líder saber se comunicar, mas era algo dele, uma competência inata ou passível de ser desenvolvida em programas específicos de liderança. Não tinha nada a ver com comunicação.

Ainda dominado pelo paradigma da simplicidade, que adotei como base para a elaboração de meu trabalho de conclusão da pós, via como principal responsabilidade da área de comunicação criar e aprimorar veículos. Era essa, em minha (parca) avaliação, o que diferenciava o comunicador dos outros gestores. "Escrever é fácil", disse uma vez Pablo Neruda. "Você começa com uma letra maiúscula e termina com ponto final" . E comunicar, segundo tal lógica, todo mundo sabia como fazer. A questão ia além, era como colocar o conteúdo entre o início e o fim da frase. E qual seria esse conteúdo no âmbito organizacional, na relação entre as pessoas? A visão clássica e simplista indicava que o profissional de comunicação precisava ter uma competência técnica, só dele: saber onde colocar a foto, que palavras usar no título, que histórias contar, identificar a melhor fonte da empresa. No contato com outros autores ligados à comunicação, gestão de pessoas e liderança, foi possível perceber que essa visão não era somente minha.

Ainda existem empresas nas quais a função da comunicação é reproduzir a fala autorizada, priorizando o jornal, a revista corporativa, a intranet. Nessas organizações, comunicação é entendida como o mesmo que veículos ou canais, deixando de lado o papel da liderança, tão importante nesse processo. Como dizem, a ficha caiu tardiamente, mas ao menos ela caiu: em um mundo complexo, restringir a visão pelo viés da simplicidade é um risco de ficar para trás.

Todos se comunicam. Uns bem, outros nem tanto. E o trabalho do profissional de comunicação vai além do *jornalzinho* e assume uma função estratégica nas organizações, pois a gestão só existe pela comunicação. Somos também o coração e a mente das empresas. E como perceber essa ligação? Como identificar os pontos interligados entre gestão e comunicação? A resposta estava à minha frente, em meu trabalho.

Passado o efeito dessa *anestesia simplificadora*, empreendi uma aventura cirúrgica nas edições de janeiro de 2010 a dezembro de 2014 para resgatar as práticas de comunicação a partir dos relatos, em sua maioria, de profissionais de recursos humanos. Nesse processo exploratório, busquei verificar até que ponto era possível perceber a teoria na prática ou o que a prática tinha de teoria.

Para alguns, que acreditam que a teoria na prática é outra, isso pode não passar uma maluquice. Mas como diz o ditado: "de médico e louco, todos temos um pouco". Que venham mais loucuras!

1.2. Introdução

Qual o Propósito de Tudo Isso?

Para compreender a comunicação feita nas organizações, algumas questões se colocam à nossa frente. Uma delas é sobre o que os funcionários esperam da comunicação? Como a veem? Como a avaliam? Da mesma forma, deve-se questionar o que esse pessoal espera e pensa da empresa em que trabalha. E de seus líderes. E o que a própria empresa espera das pessoas e, claro, da comunicação.

Sobre o que um funcionário espera da empresa em que trabalha, pode-se encontrar respostas que vão desde *um meio de subsistência* à *realização pessoal e profissional*, passando por *oportunidade de desenvolvimento, vencer um desafio* e *deixar um legado* por meio do trabalho. Seja qual for o motivo apresentado, cada uma dessas respostas exprime um propósito, que deve ser alinhado aos da organização. E o que esperar da comunicação? Cuidar para que o alinhamento se concretize é uma das respostas possíveis. Mas como isso vem sendo feito? Como a comunicação é vista hoje?

Instrumental, funcionalista, unilateral, predominantemente marcada por muitos veículos (a panaceia para todos os problemas de comunicação) e com um conteúdo que vem de cima para baixo, na linha de *comando e controle*. Isso, em boa parte das empresas. Obviamente, existem exceções... que comprovam a regra.

Esse modelo de comunicação, mais presente, procura contribuir para que o funcionário desempenhe bem seu papel na engrenagem produtiva, um reflexo da gestão ainda vigente em muitas empresas, que trata o ser humano como um recurso a ser administrado. Mas já há quem procure mudar essa visão e passe a questionar o termo *recursos humanos* para indicar a área responsável pelas políticas e ferramentas que vão dar suporte à gestão de pessoas feita na empresa. Nomes como *talentos humanos* ou *gente e gestão* surgem para designar a área. Muito melhor do que o antigo *departamento pessoal*, comandado sempre pela figura mitológica de *seu* Gerubal Pascoal, o *chefe do departamento pessoal*, uma entidade criada por profissionais de RH para indicar um tempo passado. Mas quão passado é?

Nos discursos oficiais das empresas, por meio de seus porta-vozes e *press-releases*, esse passado parece morto e enterrado. O ser humano é o principal ativo da organização e ai de quem duvidar. É ele quem garante os resultados cada vez maiores por meio do empenho, do esforço além do esperado, do *vestir a camisa*. Não, *vestir a camisa* é um termo que caiu em desuso, pois não há mais a garantia de que o funcionário terá essa indumentária para sempre em seu guarda-roupa, pronta para usar – os tempos mudaram e a permanência no emprego varia de acordo com os interesses tanto das empresas quanto dos próprios funcionários. Que as pessoas são importantes, sem dúvida! Embora em alguns momentos, para garantir um bom retorno aos investidores, elas sejam convidadas a tirar a camisa do armário e devolvê-la para a área de recursos humanos...

Mas, calma! Mesmo nas empresas consideradas melhores para trabalhar, como as das listas divulgadas pelas revistas *Exame/ Você S.A.* e *Época* e as melhores em gestão de pessoas, do jornal *Valor Econômico*, também demitem. Entretanto, fazem-no, em sua grande maioria, de forma responsável. Isso porque o processo de desligamento é uma importante comunicação – para os que ficam – sobre como serão tratados em situação semelhante. É uma mensagem forte para quem deseja manter corações e mentes engajadas e comprometidas – uma espécie de nova roupagem para o *vestir a camisa* –, que nem sempre é percebida assim. Um problema de comunicação.

Os zumbis querem seu cérebro

Mais do que nunca é preciso fazer uma boa reflexão sobre essas e outras questões. É preciso enterrar algumas ideias mortas, como se refere o consultor César Souza no seu *Manifesto do Neomanagement: empresariado, carreiras e negócios no mundo pós-moderno* (edição do autor, distribuída em 2012). São ideias que ainda vagam como zumbis no mundo corporativo, minando uma parte importante de muitos talentos: seu cérebro. Conceitos antigos, cujas respostas não atendem às demandas atuais, que acabam por tornar uma empresa obsoleta e afastam dela muitos bons profissionais. Modelos anacrônicos de gestão, nos quais manda quem pode e obedece quem tem juízo.

Nesse processo de reflexão, nada mais natural do que colocar no bojo a comunicação feita nas empresas. Na verdade, ela teria sua presença garantida de qualquer maneira, pois como veremos ao longo deste livro, a comunicação é a organização. Vale porém especificar um tipo de comunicação: a interna.

Uma empresa se comunica com vários públicos estratégicos, desde a comunidade em seu entorno, próxima, até o investidor que faz parte de um fundo de *private equity* na Finlândia passando, obviamente, pelos seus funcionários. Mas é essa comunicação com o funcionário ou com o empregado, como dizem Bruno Carramenha, Thatiana Cappellano e Viviane Mansi, no livro *Comunicação com empregados – a comunicação interna sem fronteiras*, cuja primeira edição foi lançada em 2013, que mais nos chama a atenção, pois é dela, se bem feita, que a comunicação com os demais públicos terá sucesso – sucesso aqui não encarado apenas como a utilização eficiente dos melhores instrumentos comunicacionais, mas o alinhamento do discurso com a verdade, retratando a real imagem da companhia.

Uma companhia que vem sendo impactada por uma série de questões e aspectos. Temos uma nova geração, os chamados *Ys*, que ganhando cada vez mais espaço no mercado, e com eles vão surgindo novas visões sobre carreira, autoridade e hierarquia, colocando em xeque tudo o que já se sabia e/ou praticava. No caso de carreira, por exemplo, e como já citado, a estabilidade no emprego não existe mais entre nós. E o que antes era apenas um movimento ascendente (*subir na firma*), hoje pode ser feito para outras direções: para alguns profissionais, promoção não é passar de gerente a diretor, mas ser escolhido para coordenar um novo projeto. Ou seja, o sentimento e o reconhecimento de uma promoção podem ser representados por novas oportunidades de desenvolvimento profissional, de se sentir útil em colaborar com outras pessoas e organizações.

Colaboração, aliás, é uma das palavras de ordem do mundo atual, tanto para as empresas quanto para os profissionais. Para as primeiras, pode significar uma saída inteligente para gerar inovação – ou para economizar recursos nisso... Para as pessoas, é a expressão natural do que é ser humano. Quem nunca ouviu que *nenhum homem é uma ilha*?

As pessoas querem participar, anseiam ser ouvidas, querem dar sua opinião, sua sugestão. O avanço das redes sociais digitais potencializou esse desejo e tem contribuído para que muitos se manifestem (alguns para o bem e outros para o mal), bem como as empresas.

E é por meio dessas redes que outras revoluções aparecem e, também por meio delas [redes], tomamos conhecimento, como sobre a Primavera Árabe. Ou o movimento de junho de 2013, contra o aumento de R$ 0,20 nas passagens de ônibus na capital paulista. Como se disse na época, não era pelos centavos, mas pela possibilidade, pela vontade e pelo desejo de participar, de ser protagonista, é que milhares de jovens foram às ruas. Alguns, diga-se, com outras bandeiras e formas de atuar...

No âmbito organizacional, as pessoas passam a entender mais seu papel na grande engrenagem corporativa (ou ao menos desejam compreender melhor isso), passam a manifestar seus desejos e expectativas e atrelam, muitas vezes inconscientemente, seu comprometimento em função das informações que recebem da empresa, de seus líderes e gestores.

Comunicação: uma ferramenta de gestão. E poderosa, ok?

Olhe ao seu redor e tente entender o mundo apenas por meio de uma lente. Imagine discutir a vida em uma grande cidade como São Paulo. Vamos focar o trânsito. Você pode tratar o tema pelo viés da sustentabilidade, da necessidade de uma maior conscientização sobre os índices de poluição graças à queima de combustível. Você pode encarar esse assunto do ponto de vista da perda de produtividade que as empresas acabam tendo, em função de seus funcionários passarem horas presos em congestionamentos. Você pode abordar o trânsito do ponto de vista cultural, analisando o status de possuir um carro em um mundo de consumo elevado. Você pode abordar pelo olhar político, discutindo alternativas que melhorem o transporte público. Os olhares para um determinado fenômeno ou aspecto da vida são muitos e conversam entre si.

Já não é mais possível olhar para o mundo em busca de resposta, em busca de sua explicação ou tradução, sem olhar para os vários aspectos que o compõem a partir de apenas uma única lente. O mundo está cada vez mais complexo, e a comunicação não escapa disso e da necessidade de ser vista pelo viés da complexidade.

E por falar em complexidade, não há como não falar do antropólogo, sociólogo e filósofo francês Edgar Morin. Para ele, o tema da comunicação ainda é decisivo, mas só faz sentido de forma plena se abordado em conjunto com outros fenômenos socioculturais e políticos. Ainda mais em um mundo globalizado. Diz ele que não existe por si só, ela sempre se relaciona com outras questões, com outros olhares, com outras áreas do conhecimento. E no campo organizacional isso é bem visível. Mas chegaremos lá.

Para tanto, é preciso ampliar nossa visão e entender que ela (a comunicação organizacional) é muito mais do que a produção de jornais e revistas corporativas, de intranets, de murais e folhetos. Como lembra a professora, pesquisadora e consultora no campo da comunicação, cultura e estratégia Marlena Marchiori (no artigo *Comunicação interna: um fator estratégico no sucesso dos negócios*, que faz parte do livro por ela organizado e lançado em 2014,

Liderança e comunicação interna), a comunicação é um processo complexo e que permeia toda a organização. Dessa forma, torna-se preciso criar uma gestão que seja capaz de *desenvolver a totalidade da responsabilidade da comunicação, habilitando os indivíduos para o exercício de sua prática*.

A comunicação torna-se, assim, uma poderosa ferramenta de gestão, em especial de gestão de pessoas. Talvez por essa razão ela esteja atrelada à área de recursos humanos. Mas será que nesse novo cenário, complexo, ela não deva estar sob outro guarda-chuva? Em alguns casos, ela está com *marketing* ou se reporta diretamente ao CEO. Isso sem contar que algumas empresas sequer têm uma área de comunicação – o que não significa que não fazem comunicação! É como afirmou Alejandro Formanchuk, então diretor da Federación Iberoamericana de Comunicación Interna e presidente da Asociación Argentina de Comunicación Interna, em uma entrevista para a revista MELHOR – Gestão de Pessoas, em maio de 2014: "Não há nenhuma organização que não tenha uma comunicação interna. Todas as organizações do mundo (...) geram a comunicação interna; caso contrário, não poderiam existir".

A questão, no caso, é que algumas cuidam dessa comunicação, não a deixam ao acaso, ao sabor da sorte. Na mesma entrevista, que teve como título *Desapegados do ego*, Formanchuk conta que, em algumas reuniões com os principais líderes de empresa, já chegou a ouvir comentários como "somos uma grande companhia, de sucesso, e não temos e nem tivemos uma área de comunicação; por isso, ela não deve fazer tanta falta, não?". Apesar de em alguns momentos esses comentários serem feitos em tom de brincadeira, a resposta de Formanchuk tenta mostrar a esses profissionais que suas empresas alcançaram bons resultados não por não terem planejado a comunicação, mas apesar de não terem feito esse trabalho. E qual seria o resultado se a comunicação com os funcionários tivesse sido feita da forma correta ou alinhada às estratégias da companhia? Melhores, com certeza. A analogia que o argentino faz é bem-vinda para esclarecer quem ainda não entende o poder de uma comunicação planejada: todos nós nos alimentamos todos os dias; uns ingerem alimentos mais saudáveis, têm hábitos regulares e cuidadosos sobre o que comem, escolhem bem os produtos e as formas de os preparar, evitam gorduras etc.; já outros nem sequer mastigam bem, se entopem de alimentos calóricos e ricos em gordura, comem o que veem primeiro na geladeira. Apesar de vivos, quem tem mais chance de ter uma vida com mais vitalidade e saúde? O mesmo vale para a comunicação na empresa.

A definição sobre quem manda em quem, se a comunicação fica com RH ou com *marketing*, por exemplo, vai depender de alguns fatores que vão desde a cultura da empresa a um jogo de influência e poder entre áreas que pode existir na companhia. Seja sob qualquer área, o importante é que a comunicação seja compreendida como estratégica e feita de forma integrada. E não há como negar, no caso objeto deste livro, que a comunicação tenha uma relação bem próxima com a área de recursos humanos. Como afirmou Formanchuk na entrevista, a área de RH é a principal parceira da área de comunicação, pois é quem melhor conhece as pessoas que a compõem (ao menos deveria conhecer).

A comunicação não precisa desse tipo de conflito ou disputa sobre quem fica com quem. Mas, por falar em *conflito* e *disputa*: esses termos compõem, como veremos com mais detalhes adiante, uma definição de comunicação que julgo mais apropriada: comunicação é a disputa e a construção de um significado. Mas não se entende aqui por disputa, a ação beligerante, na qual alguém, pelo uso da força e do poder, faz prevalecer suas opiniões. Entende-se como disputa a argumentação em conjunto, a discussão sobre um determinado tema, na qual cada um dos interlocutores apresenta seus pontos de vista, suas ideias, em um ambiente de tolerância. Alguém pensou em diálogo? Nesse sentido, cada um é ao mesmo tempo emissor e receptor, cada um é múltiplo. Ou seja, essa concepção de comunicação pressupõe a interação e o diálogo entre as pessoas, em alguns casos mediada, incentivada e tendo como também como participante o líder. A comunicação sempre deve levar em conta o outro. Sai de cena então o discurso de uma única voz, a da empresa, monológico, e entram em cartaz os sons de várias vozes, diversas, que se conectam e complementam, criando um discurso polifônico capaz de gerar uma melhor compreensão do mundo organizacional, de seus problemas e possíveis soluções.

Mas será que os líderes compreendem seu papel nesse processo de construção de significado? Atribuir-lhes mais essa tarefa não soaria como acrescentar mais um fardo às suas costas? Afinal, eles já têm uma agenda repleta de urgências e desafios...

Entretanto, se eles têm uma grande quantidade de questões a tratar, as empresas, por sua vez, se ressentem da falta de líderes preparados para os novos tempos. Na agenda corporativa, ganham mais destaque então novos desafios:

1. Para as empresas, rever a comunicação e, nesse processo, incluir o tema na formação de liderança;
2. Para os profissionais de comunicação, entender que ela não se resume a ferramentas, mas também engloba a interação entre as pessoas, a informalidade e a presença do líder, para quem o profissional de comunicação deverá atuar como uma espécie de *coach*;
3. E para o líder, entender que ele sempre se comunicou, e o que precisa agora é aprimorar esse processo.

1.3 Sai o *o*, entra o e – entre outras coisas

O Paradigma da Complexidade

Por que optar pelo paradigma da complexidade quando falar em organização e comunicação? O pensamento complexo vem bem a calhar nos dias atuais, de transformações constantes. Ele não recusa a clareza, as certezas que existem, mas considera que são insuficientes para compreender o mundo, a sociedade, empresas e até o homem.

Hoje em dia, no mundo corporativo, já não basta mais utilizar a exclusão (característica do paradigma da simplicidade, disjuntor), pelo qual ou é uma coisa ou outra. Muitos especialistas e executivos vão aprendendo que o *ou* cede lugar ao e. Assim é a complexidade: somos únicos *e* múltiplos, o mundo é feito de sim e de não, de positivos e negativos. O mundo é dialógico e, da mesma forma o mundo corporativo.

Para uma compreensão da complexidade e seus reflexos na organização e nos processos de comunicação com os funcionários, vale apresentar seus sete princípios, como nos ensina Edgar Morin, em *Introdução ao pensamento complexo*:

1. Princípio sistêmico ou organizacional: faz a ligação entre o conhecimento do todo e o conhecimento das partes. Para ele, o todo é, ao mesmo tempo, maior e menor do que a

soma de suas partes (há uma comparação com a tapeçaria contemporânea, quando falaremos de cultura organizacional). E não para por aí: a organização do todo (a interação das partes) permite a produção de qualidades ou propriedades que antes não existiam em cada uma das partes isoladamente.

Ao entender a comunicação como a disputa e a construção de significados por meio da interação das pessoas no âmbito organizacional, entende-se que cada parte (funcionário) apresenta um significado (que já foi interpretado a partir das referências que ele possui, como visão de mundo, religião, nível educacional etc.); esse significado será apreendido e interpretado por outra parte (outro funcionário com outras referências, filtros), que poderá apresentar outro significado ou não. Nessa interação, as partes acabam construindo significados novos em que não necessariamente haviam pensado ou que eram iguais aos que haviam pensado.

2. Princípio hologramático: Morin evidencia o aparente paradoxo dos sistemas complexos, em que não somente a parte está no todo, mas o todo se inscreve na parte que está no todo. Pensando no ambiente organizacional, podemos inferir que um funcionário (parte), está inserido em um todo (empresa) e a empresa (todo) está inserida na parte (funcionário) por meio da cultura organizacional. E nessa parte/funcionário não encontramos apenas a cultura da empresa, mas muitos outros contextos e culturas, uma vez que ele (funcionário) se relaciona e se insere em outros grupos sociais, como família. Essas tantas outras culturas e tantos filtros e referências no colaborador aumentam a responsabilidade da comunicação interna em entender os impactos de seu trabalho.

   Vale dizer, ainda segundo o princípio hologramático, que as partes até podem ter certa autonomia, mas não fogem de uma constante interrelação ou comunicação com as outras partes do todo. E é essa forma de comunicação, de contato entre as partes que produz uma organização entre elas. Ou seja, há sempre uma comunicação entre as pessoas (partes) que compõem a empresa, e dessa interação surgem novos significados (são construídos), que irão compor a cultura. Essa autonomia que cada parte possui, dentro de uma empresa, pode ser entendida como a geradora da comunicação informal, isto é, aquela feita a despeito da comunicação oficial.

3. Princípio do anel retroativo: permite o conhecimento dos processos de autorregulação *na* e *para* a organização. Como explica Jane Rech no artigo *Compondo a rede autopoietica da organização complexa*, no livro *O diálogo possível: comunicação organizacional e paradigma da complexidade*, esse princípio "rompe com a ideia de causalidade linear e mostra que a causa age sobre o efeito e este age sobre a causa, estabelecendo um mecanismo de regulação que permite a autonomia do sistema". Uma empresa, por esse princípio, tende a organizar-se, em suas relações e interações, para encontrar o equilíbrio.
4. Princípio do anel recursivo: contempla a ideia de que os produtos e os efeitos são criadores e causadores do que os produz. Esse princípio tem uma ligação com o princípio hologramático, pois apresenta o indivíduo como representante pleno de um corpo social, fruto de uma totalidade e, ao mesmo tempo, agente produtor dessa mesma totalidade. Como nos explica Morin, as pessoas criam a sociedade por meio de suas interações, e a sociedade, da mesma forma, produz a humanidade desses sujeitos, aportando-lhes a linguagem e a cultura.

   Ao pensarmos em processos comunicacionais, frutos da interação entre as pessoas em uma organização, como forma de criação de significados que originam a cultura, podemos pensar também que a cultura vai produzir ou moldar a comunicação na empresa.
5. Princípio da auto-eco-organização: trata da relação entre autonomia e dependência. Os seres vivos, por exemplo, são auto-eco-organizadores, pois para terem autonomia (viver) são dependentes dos recursos que extraem da natu-

reza. Na empresa, o sujeito depende dela para ter autonomia (salário) e a organização depende dele (do sujeito que trabalha) para sobreviver no mercado.

Um funcionário depende de outros para realizar suas tarefas e, por sua vez, irá permitir que outra pessoa conclua uma atividade na empresa. Cada sujeito na organização tem sua autonomia vinculada à dependência do outro. Isso os impele a interagirem e eles são resultado dessa interação.

6. Princípio dialógico: esse princípio permite assumir, de forma racional, a associação de noções contraditórias ou antagônicas para conceber um mesmo fenômeno complexo. Como explica Morin, em *O método 3: o conhecimento do conhecimento*: "é uma associação complexa, complementar, concorrente, antagônica de instâncias necessárias em conjunto à existência, ao funcionamento e ao desenvolvimento de um fenômeno organizado". Isso nos ajuda a compreender que o ser humano não é uno, mas múltiplo: anjo e demônio, emissor e receptor, cético e crente, bom e mau – tudo ao mesmo tempo.
7. Princípio da reintrodução: defende a ideia de que a participação do pesquisador na construção do conhecimento segue uma lógica de interdependência e complementaridade. Dessa forma, o conhecimento é resultado de uma reconstrução, ou tradução, nas palavras do filósofo francês, feita por um "espírito/cérebro" em uma determinada cultura ou sociedade e em uma determinada época.

Após essa breve apresentação dos princípios da complexidade, passamos a uma relação de auto-eco-organização entre empresas e pessoas.

1.4. Da Vassalagem à Soberania

Como as Empresas Veem as Pessoas (e a Comunicação)

Uma relação complicada. Autossuficientes de uma parte, extremamente dependentes de outra. Assim pode ser descrita a relação entre empresas e consumidores há algumas décadas. Antes de as fronteiras caírem com o processo de globalização – e sua consequente abertura de mercados –, muitas organizações pareciam dar as costas para seus públicos, interno e externo. As empresas pareciam viver, como lembra a professora Margarida Kunsch, fechadas em si mesmas, assumindo uma postura individualista e arrogante. "Não se importavam com o mundo exterior. Otimizavam quase que exclusivamente os lucros. A relação com os empregados era de paternalismo e subordinação", escreveu ela em *Planejamento de relações públicas na comunicação integrada*. E não tendo a quem recorrer no mercado, com pouca variação de oferta, clientes e consumidores se viam obrigados a aceitar o que lhes era oferecido.

Nesse ambiente em que estavam fechadas em si mesmas, tendo o cliente como uma espécie de subordinado, as empresas acabavam transferindo essa mesma relação para seus empregados: um modelo marcado pelo comando e controle. Ou faziam o caminho contrário: levavam para os clientes o mesmo tipo de relação que mantinham com os funcionários, uma espécie se suserania e vassalagem corporativas.

Pessoas, um recurso

Historicamente, as pessoas vêm sendo encaradas pela organização como um insumo, ou seja, como um recurso a ser administrado, como afirma Joel Dutra em *Gestão de pessoas – modelo, processos, tendências e perspectivas*. Para o autor, essa visão ainda se mantém no arcabouço da gestão de pessoas, apesar das transformações na organização da produção: o principal fio condutor dessa iniciativa é o controle sobre as pessoas.

Embora persista, tal arcabouço deve estar com seus dias contados. Ao menos é o que se espera; ao menos, é o que parece ser sua sina. Até isso acontecer, ele se mantém em muitas organizações, como uma espécie de ranço de gestão, tendo fortes impactos (negativos) na gestão de pessoas e também no modelo de comunicação adotado por essas organizações ao se relacionarem com seus públicos estratégicos.

Mas muita coisa deve mudar quando o assunto são pessoas, empresas e comunicação. Na verdade, muitas transformações já vêm deixando não poucos gestores insones. A própria globalização, que mudou a maneira como inúmeras empresas fazem negócios, passou a impactar de forma mais direta a vida das pessoas.

Agora, uma crise econômica cujo epicentro esteja em algum ponto do planeta pode, em pouco tempo, afetar grande número de nações do outro lado do mundo graças a um mercado global, interconectado, marcado por relações políticas e financeiras além das fronteiras físicas dos países.

Destacam-se, dessa maneira, o desenvolvimento e o avanço das tecnologias de informação e de comunicação, que sustentam e viabilizam a diminuição de distâncias, a alteração da noção de tempo e a criação de novas formas de relacionamento entre as pessoas, entre as organizações, e entre pessoas e organizações.

Neste último aspecto, por exemplo, a tecnologia propicia condições para o teletrabalho, ou *home office*, o que, em muitas metrópoles, delineia-se como uma alternativa ao trânsito caótico, contribuindo para a diminuição da emissão de gases poluentes, permitindo aumentar a qualidade de vida do funcionário (que passa a gerir melhor seu tempo até em função de suas prioridades pessoais) e sua produtividade. Isso sem contar a redução de custos, por parte da empresa, com energia, telefone, mobiliário, proporcionais ao funcionário que passa a trabalhar de casa.

Todavia, entre apresentar-se como uma solução e ser de fato implantada, há uma distância enorme. Colocar o *home office* em prática exige uma mudança de atitude e de comportamento das duas partes: pela organização, é preciso cuidar da incompreensão de muitos gestores em como lidar com a distância do funcionário, o que muitas vezes mina a confiança de que o trabalho esteja sendo feito. Traduzindo isso, temos a máxima de que *o gado engorda sob o olhar do dono.*

No que se refere aos funcionários, é necessário saber separar o que é pessoal, familiar, do que é profissional durante a jornada de trabalho, saber administrar bem o tempo e ter disciplina para não terem o risco de ver projetos inacabados.

Pessoas, o recurso valioso

Paralelamente à tecnologia, mudanças sociais também ganharam força nas últimas décadas. Numa volta ao cenário brasileiro dos anos 1990, no âmbito político, assistimos a uma grande mobilização pelo impeachment de Fernando Collor. Aos poucos, a valorização do sentido de pertencer e de querer participar, falar e ser ouvido foi se consolidando por aqui, com mais força no processo de redemocratização. As pessoas (os *caras-pálidas*) tomavam conhecimento de seu papel e importância no mundo e queriam exercer esse direito. Recentemente, manifestações semelhantes foram presenciadas.

Entre mortos e feridos, a velocidade das transformações tecnológicas e as alterações em padrões de valorização socioculturais, conforme nos diz Dutra, contribuíram para termos pessoas mais conscientes de si mesmas e mobilizadas para realizar suas expectativas; pessoas que cobram maior transparência em seus relacionamentos, sejam eles dentro ou fora da empresa; pessoas com maior expectativa de vida, com qualidade de vida, e que passam (ao menos desejam e podem passar) mais tempo na vida profissional; pessoas que demandam oportunidades de crescimento pelo trabalho que realizam e, sobretudo, que desejam encontrar um sentido e significado para o que fazem – em outras palavras, que buscam um propósito no trabalho.

No mundo dos negócios, ainda no quesito pessoas, podemos citar alguns reflexos, a partir da leitura de Dutra: a demanda por profissionais com alta capacidade de adaptação e a demanda de um profissional com excelente capacidade de relacionamento.

Encontrar e reter esse profissional não é uma tarefa fácil. Engajá-lo, então? Para não perder a guerra por talentos, muitas empresas se veem diante da necessidade de mudar. E não apenas para contratarem profissionais acima da média, mas para atenderem às demandas em termos de sustentabilidade, governança corporativa, responsabilidade social – conceitos que foram ganhando terreno, passando de modismos, há alguns anos, para itens críticos de negócios.

Dessa forma, se as organizações de ontem davam as costas para as pessoas, nos dias de hoje elas precisam *abrir o coração*, buscando serem transparentes (ao menos devem tentar) – entendendo por transparência uma relação franca com seus *stakeholders*, inclusive, e sobretudo esse grupo, seus empregados.

Essa mudança de visão reforça a importância de revisitar a comunicação interna. Isso porque se o funcionário não souber exatamente o motivo pelo qual trabalha, como deve executar sua tarefa, ou seja, se não tiver claro seu papel na empresa, de que é um ator importante naquele mundo, dificilmente ele conseguirá atingir os resultados de que a organização necessita. E aqui fica explícita a relação entre comunicação e estratégia: de nada valerá criar uma intranet maravilhosa, uma revista feita em papel de maior gramatura e projeto gráfico arrojado ou oferecer um mural digital no refeitório para integrar as pessoas em busca de um objetivo, se esse objetivo (ou estratégia) estiver descolado da comunicação e, ainda, se as pessoas mais interessadas nesse processo (os funcionários) também se sentirem à margem dessa comunicação.

Em outras palavras, é preciso também criar uma cultura de comunicação que seja polifônica, que dê voz aos funcionários, e que os escute e os encare como participantes desse processo. Mas há sempre quem não veja essa ideia como boa estratégia; para esses gestores, pessoas são apenas insumos ou partes de uma engrenagem.

Entre dar importância ao funcionário e efetivamente transformá-lo em um ator importante no processo de comunicação, e assim tornar a comunicação estratégica, há um longo caminho a percorrer. Na distância entre discurso e prática, muito comum no mundo corporativo, a valorização da comunicação nem sempre se dá no que é crucial. Muitos investimentos são alocados para processos, para ferramentas, para veículos, como se apenas esses representassem a comunicação. Há muito jornal, revista e intranet corporativos no mercado, e ainda há muito questionamento se a comunicação alcança mesmo o resultado esperado.

É preciso olhar com mais vontade para a comunicação além do *jornalzinho*, do mural. A comunicação também é feita fora dos aparatos formais. Ela se dá no dia a dia, na conversa dos gestores com os subordinados, entre os colaboradores no refeitório, entre os empregados no futebol no fim de semana.

Por essa razão, além de dar aos funcionários informações e ajudá-los, por meio de suporte específico, a expressarem seus sentimentos, envolvendo-os no planejamento e implementação da mudança pela qual a empresa passa ou terá de passar, é necessário também habilitá-los como comunicadores e prover *feedback* sobre isso para fortalecer o processo de comunicação organizacional interna. Ações como essas devem fazer parte do radar dos profissionais de comunicação. E não apenas deles, mas também dos líderes interessados em melhorar suas *performances* e a da empresa.

Apesar de todo o esforço das empresas em colocar as pessoas em papel de destaque, reconhecendo sua importância, ainda persiste um modelo de comunicação que não tem o ser humano em seu centro ou foco, mas que ainda privilegia a burocracia na produção de conteúdos e também dá um grande valor à hierarquia para o acesso à informação – afinal, informação é poder. Esse modelo é um velho conhecido das organizações e também dos profissionais de comunicação. Como veremos a seguir.

Mais do que uma relação de troca

Como visto, muitas empresas ainda encaram a comunicação como um processo, materializado pelos veículos que possuem. É, para elas, uma transmissão de informações para a execução de um determinado trabalho, sem demonstrar ou realçar ou fortalecer o propósito dele (trabalho), mas dando muito valor ao canal pelo qual esse conteúdo é disseminado. Com essa visão obtusa, a comunicação (capenga, diga-se) deixa de lado outro universo tão ou mais importante que se concretiza no relacionamento do dia a dia das pessoas que compõem a empresa. E é nesse relacionamento entre funcionários entre si e a empresa que a percepção sobre esta começa a ser construída.

A atenção dada à manutenção de muitos veículos internos demanda bastante tempo e esforço das equipes (cada vez mais enxutas e cada vez mais assoberbadas em função das demandas crescentes) ligadas à comunicação. Apesar disso, e talvez por isso, os profissionais da área demonstrem um completo controle sobre esses produtos, mas pouco sobre a comunicação feita por um ator muito importante na interação com o empregado: o líder. Em especial, o líder imediato.

1.5. Com Peso, no Mercado

Os Colaboradores Querem Mais

O que os colaboradores mais querem, ao que parece, é participar da gestão, dar sugestões, querem falar e ser ouvidos, querem exercer o sentimento de pertencer à organização. Desejam se sentir acolhidos e respeitados em uma saudável relação de troca com a empresa. Caso contrário, buscam outras companhias, literalmente.

Reflexo da relação entre oferta e demanda, o poder de escolha sobre onde trabalhar ganhou mais força entre as pessoas talentosas. Recurso escasso, elas estão de igual para igual nas negociações com as empresas. Aumentam-se, assim, os itens nos pacotes de benefícios, as comodidades no ambiente de trabalho, com massagens *shiatsu*, espaços *gourmet*, academias de ginástica, salas de jogos. As recompensas financeiras passam a ser mais atraentes, atreladas a desafios maiores. E para quem ainda fica em dúvida se muda ou não de empresa, aparecem os *hiring bonus*, ou bônus de entrada, que cobrem as possíveis perdas dos bônus e outras premiações a que o profissional teria direito e que perderia caso se desligasse da empresa em que atua.

Seja por uma vontade verdadeira de cuidar bem das pessoas ou de criar uma espécie de suborno para conquistar o esforço extra do profissional, o fato é que as empresas buscam fazer de tudo para atrair e reter talentos.

No que se refere à comunicação, lidar hoje com essas demandas do profissional exige mudanças de comportamento – e de visão – por parte de organizações e dos profissionais de comunicação. A mais importante delas refere-se ao reposicionamento dos papéis e responsabilidades de seus membros em lidar com a necessidade de inovação, sobretudo em fazer com que os funcionários conheçam a cultura da empresa e entendam o negócio para aumentar a produtividade.

Apesar de o discurso atual colocar as pessoas em destaque e afirmar que comunicação é importante, muitos empregados não sabem quais são as estratégias de suas empresas. O pior é que muitos líderes sabem desse *gap*, bem como alguns profissionais da área de comunicação, mas talvez por desconhecerem como resolver essa questão ou por estarem mais atarefados seja com veículos e canais, seja com aspectos mais operacionais do trabalho, acabam deixando de lado o esforço para eliminar essa defasagem. E viva, assim, o conceito funcionalista-instrumental!

Por isso é preciso repensar a comunicação, ainda mais pelo fato de ela ser vista de maneira amadora e gerida sob uma visão simplista. Os tempos atuais não dão mais espaço para esse modelo, desalinhado da estratégia da empresa, longe de seus objetivos e também muito distante de seus funcionários.

O modelo vigente na maioria das empresas, longe da estratégia e bem mais perto dos veículos, tem sua eficiência não nos diálogos e interações que cria e nos valores daí decorrentes, mas no poder que exercem sobre o funcionário, direcionando-o e fazendo com que ele siga estritamente as regras formais da organização e se enquadre (leia-se *saiba qual seu lugar*) na hierarquia. Esse tipo de comunicação é a que Rudimar Baldissera chama de *organização comunicada*, que veremos mais adiante, marcada pelo fluxo unilateral, de cima para baixo.

Dentro dessa abordagem, a comunicação é vista como fonte e sustentação de poder e usada como um instrumento de controle e dominação. Ela não permite a reorganização da organização, o seu repensar a partir de uma comunicação de duas vias – e também, entre outras coisas, sufoca toda e qualquer iniciativa de inovação, uma competência muito cara e desejada pelo mercado.

Em um cenário de turbulência, as empresas devem deixar claros os novos papéis e responsabilidades de cada um para enfrentar os tsunamis e marolinhas que surgem no mercado em constante transformação e ávido por inovação. As organizações precisam ajudar os empregados a entenderem mais o *core business*, para terem mais condições de engajá-los e buscar mais produtividade, competitividade e sucesso nos processos de mudanças. E quem deve participar dessa tarefa, além da comunicação e com ela?

O líder, de imediato

Vamos imaginar que uma empresa precise comunicar uma importante mudança, como uma fusão. Em quem os funcionários tenderão a acreditar mais? No CEO que sempre se manteve distante ou no seu chefe imediato, com quem eles conversam no dia a dia, sanando as dúvidas cotidianas e, em alguns casos, pessoais?

Pois serão esses líderes mais próximos, em tese, que terão mais informações sobre o futuro de cada um deles dali por diante. Quem será demitido? Como ficará a empresa depois disso? Caso ele não tenha as respostas, é para ele que serão endereçadas todas as perguntas. Ele deve participar dessa comunicação e, por essa razão, deve ter a prioridade da informação perante seu grupo. Vale lembrar que os funcionários não são exatamente leais à empresa, mas mantêm uma forte relação com seus líderes: quem nunca ouviu a história de que as pessoas se demitem de seus gestores e não da companhia? Mas isso não exime uma boa participação do CEO no processo de comunicação. Ele não pode bancar o avestruz e enfiar a cara em um buraco até o processo ser concluído em um ambiente cheio de mudanças.

Mas não nos desesperemos por viver em uma época de incertezas. Os questionamentos abrem espaço para o novo, para novas oportunidades. Há muito o que ver, aprender, ensinar. Basta ter um pouco de vontade e boa vontade. Há mudanças que sinalizam um cenário melhor ou menos sombrio; há pressões que nos empurram para outros patamares ou cenários que, sendo desconhecidos, assustam num primeiro momento, mas que ao final revelam-se mais atraentes.

Assim, a pressão por uma atitude mais socialmente responsável das empresas levou a sustentabilidade para o centro de discussão da estratégia diante do iminente colapso dos recursos naturais; efetivou a importância e o papel de uma governança corporativa mais efetiva depois de tantos percalços de empresas na condução dos negócios; e gerou a percepção de que o lucro não é ou deveria ser o melhor resultado que uma companhia pode apresentar para a sociedade, o que ajudou a consolidar uma nova visão do capitalismo.

1.6. Faça o Que Eu Digo, Mas...

O Alinhamento Possível e Desejado na Comunicação

O desenvolvimento de liderança é um assunto que dia sim outro também, aparece com destaque na agenda de muitos executivos e em páginas de jornais e revistas especializadas. "Há um déficit de líderes", "empresas não crescem pela falta deles" e outras expressões como essas acabam se tornando comuns no mundo empresarial. E as organizações, na tentativa de suprir tal carência, continuam contratando ou criando programas dessa natureza. Mas ainda são poucas as que investem corretamente no preparo dos líderes em relação à comunicação. O que pode trazer problemas futuros na imagem que os funcionários vão criar da companhia.

Para entender um pouco mais sobre isso, é preciso saber que o discurso da empresa, que irá criar e reforçar os atributos dela, somente merecerá crédito, será crível, se estiver alinhado em três frentes, de acordo com o que afirmam Carramenha, Cappellano e Mansi: a comunicação formal, o que a organização apresenta como oficial, suas regras e procedimentos; a informal, o que os empregados comentam; e a de liderança, o que eles conversam, e também os comportamentos que demonstram. Cada uma dessas frentes tem o seu valor, a sua importância, e compõe a comunicação de uma empresa.

Isoladamente, cada uma possui suas características, suas qualidades, suas propriedades e até insuficiências e incertezas. Sem esse alinhamento, a soma das três sempre será menor do que o esperado. A comunicação ficará sempre aquém, haverá sempre a questão na organização: "O que fizemos de errado?".

No entanto, ao tecer, ao alinhar essas frentes, cria-se um corpo mais consistente, com uma forma melhor definida, com outras propriedades, resultantes da justaposição desses *fios*. Essa tapeçaria chamada comunicação será maior do que a soma das três frentes, o que nos remete ao princípio sistêmico da complexidade.

Imagine uma companhia que passa a investir pesadamente na comunicação de uma cultura de inovação. O jornal da empresa publica matérias sobre o que é uma cultura de inovação e destaca as opiniões do CEO sobre a importância dessa iniciativa em editoriais. No mural, são afixadas fotos de funcionários que participaram de *workshops* sobre o tema, acompanhadas de uma mensagem de cada um. Na intranet, é criado um canal com exemplos de empresas inovadoras, para servir de inspiração. A cada quinzena, todos os funcionários recebem dicas e mais dicas para inovar em pequenos pedaços de papel com cola pouco aderente...

Animado, o funcionário sente-se à vontade para dar uma sugestão ou fazer algo de forma diferente, não usual. Opta por fazer um processo, digamos, *mais criativamente*. Mas logo recebe uma reprimenda do gestor imediato, ou seu líder, por ter feito dessa maneira e não da forma como sempre fora feito. Ou leva uma bronca pelo fato de a decisão tomada não ter obtido o resultado esperado. Ou o líder simplesmente, ao ouvir uma sugestão, responde algo como "Espera 20 minutos que isso passa" ou "Isso não vai dar certo". Qual o resultado da comunicação? Qual a imagem que o empregado pode ter do líder? E da empresa? Que mensagens esse líder está passando em relação a tudo o que o funcionário teve acesso nos canais de comunicação oferecidos? Que cultura a empresa quer criar? E, mais importante, qual é a verdadeira cultura dessa empresa: a sonhada, almejada, ou a do dia a dia, da bronca do chefe?

No caso de uma fusão, por exemplo, um funcionário, aflito com o destino de seu emprego, pergunta ao líder imediato se há uma expectativa de corte na área em que atua em função de futura duplicidade de cargo ao final do processo. O líder nada responde, ou por medo de dizer que sim, haverá demissão, ou por não ter informação sobre isso. A ausência de dados cria um clima de ambiguidade (*sim* ou *não*), terreno fértil para o surgimento de boatos – como veremos mais adiante – e a famosa rádio peão. E todo o esforço das organizações envolvidas na fusão em assegurar que o processo trará benefícios para todos, até mesmo sem cortes de cargos, perderá a credibilidade. Repousará em todos a ideia de que o discurso oficial é conversa para boi dormir...

E é no momento em que os boatos ganham força que aumenta o número de profissionais (das empresas envolvidas, em especial em casos de aquisição) que partem em busca de novas oportunidades. Entre o certo de uma vaga em outra empresa, mesmo que com uma remuneração menor, e a dúvida se vai ou não permanecer na companhia atual, o funcionário provavelmente opta pela primeira. Trata-se de um bom exemplo de como a falta de informação clara, de um discurso confiável e de um líder preparado para se comunicar com sua equipe pode ajudar a empresa a perder um talento. Que ainda sai levando a imagem arranhada da antiga organização.

Mas por que os líderes pecam na comunicação, além de não terem sido preparados para isso? Carramenha, Cappellano e Mansi apontam mais três fatores: (1) eles não são orientados claramente para tanto; (2) não recebem as informações de maneira prioritária; (3) e não são estimulados a criar canais formais de comunicação face a face com suas equipes. Assim, esses líderes deixam de trabalhar temas como: estratégia, passando a visão de futuro; a rotina do grupo; e assuntos relacionados à mudança, como uma fusão.

1.7. ... E Todos por Um!

Um Ser Chamado Organização

Falamos, até aqui, muito de mudanças e de seus impactos nas pessoas, dentro e fora das empresas. Vimos como algumas organizações encaram a comunicação e o que deixam de lado nesse processo. Antes de abordar com detalhes as definições de comunicação organizacional e interna, e da atuação da liderança, convém entender o que é uma organização e suas relações com a comunicação.

Alguns autores dedicaram-se a traçar uma definição. A partir da revisão bibliográfica temos:

1. Para Amitai Etzioni (autor de *Organizações modernas*, livro lançado primeiramente em 1964), organização é uma unidade ou grupamento social construído e reconstruído intencionalmente para atingir objetivos específicos. Essa reconstrução se dá pelo fato de os objetivos não serem factuais, mas contínuos, visando uma realidade futura. Os objetivos futuros enquadram-se, ou parecem se enquadrar, na missão e visão da empresa.
2. Edgar Morin (em *O método 1: a natureza da natureza*) afirma que a organização é o conjunto de relações entre componentes ou indivíduos, que cria uma unidade complexa, com qualidades diferentes ou desconhecidas em nível dos seus componentes. Qualidade que se forma, diga-se, a partir da interação entre as partes, segundo o princípio sistêmico da complexidade. A organização liga assim elementos,

acontecimentos ou indivíduos diversos que a partir daí se tornam os componentes dum todo. Além disso, ela garante solidariedade e solidez relativa a tais ligações, garantindo uma certa previsibilidade de duração ao sistema, apesar das perturbações aleatórias. Ou seja, a organização transforma, produz, liga e mantém.

3. Para Marlene Marchiori (em seu artigo no livro *Liderança e comunicação interna*), organização é "um sistema sociotécnico que interage com o meio ambiente por meio de suas dimensões de estrutura, tecnologia, estratégia e comportamento". Comportamento que pode ser entendido como o componente *pessoas*. E todas essas dimensões se mantêm unidas pela comunicação, o que nos leva a pensar que organização é, no fundo, comunicação.
4. Já para Miguel Contoni, Marlene Marchiori e Regiane Regina Ribeiro (no artigo *Comunicação e reflexividade nas organizações*, do livro supracitado) uma organização é "uma forma social criada e mantida pelas manifestações reflexivas de seus membros". Mas o que seriam essas manifestações reflexivas?

   Os autores explicam que a reflexividade consiste em quatro processos: (a) interação com os dados; (b) interpretação; (c) interpretação crítica; (d) reflexão sobre o conteúdo. Ou seja, o indivíduo examina a informação, coloca-a em um contexto, e faz vários níveis de análise, para assim descobrir alguns *insights* sobre ela. Dessa forma, a reflexividade pode contribuir para a criação de sentido por meio da interação e dos diálogos organizacionais. Para isso, é sempre bom lembrar que ela deve contar com a participação de todos, em uma grande sinergia. Isso pressupõe um ambiente de confiança e aumenta o potencial crítico das pessoas e seu desenvolvimento.
5. Para Rudimar Baldissera (no artigo *Por uma compreensão da comunicação organizacional*, publicado no livro *O diálogo possível: comunicação organizacional e paradigma da complexidade*), organização é "a combinação de esforços

individuais, para a realização de (e em torno de) objetivos comuns". Ela não se reduz apenas à estrutura, equipamentos e recursos financeiros, mas envolve também pessoas que se relacionam e trabalham por objetivos bem definidos. Isso o aproxima da ideia de que a comunicação é a possibilidade de existência da organização, pois é por meio daquela que são materializados os processos organizacionais, por exemplo. Ou seja, sem comunicação não há organização. Isso nos leva a pensar, agora, o que é comunicação organizacional.

1.8. Entendido, Câmbio?

A Comunicação Organizacional

Comunicação organizacional é o processo de construção e disputa de sentidos no âmbito das relações organizacionais. Esta é a definição de Baldissera que, ao não definir um espaço físico, mas ao usar o termo *âmbito*, deixa claro que esse tipo de comunicação é um fluxo, multidirecional, que vai além dos muros de uma empresa, por exemplo, e não se reduz à comunicação formal.

Isso significa que a comunicação informal é parte da comunicação organizacional, embora seja algo pouco valorizado pelos profissionais de comunicação, em geral. Uma das razões, como veremos mais adiante, é porque se trata de um processo em que eles têm pouca interferência e possibilidade de mensuração. A comunicação informal apresenta-se para esse autor como fissuras pelas quais esses processos comunicacionais não oficiais vão se infiltrar no processo formal (autorizado, de controle, que sufoca) desafiando-o.

Assim, a noção de comunicação organizacional precisa ser ampliada e ultrapassar o que é *fala autorizada*, pois essa é apenas sua parte mais superficial e visível. A comunicação contempla muitos fatores que fogem ao que é de controle, como a dispersão, os ruídos, as contradições, o diálogo, a diversidade, a rebeldia. Isso a aproxima de um processo que contém certa dose de imprevisibilidade, do não planejado. O que requer atenção de quem a faz.

Baldissera, no artigo *O complexus comunicação-cultura-administração*, escrito em parceria com Marlene Bianca Sóli, afirma ainda que a ideia de comunicação organizacional parece ser reduzida, particularmente ao nível das práticas cotidianas, à comunicação planejada. Isso acontece em função das características da sociedade contemporânea, que incluem: o chamado *curto-prazismo*, que transforma a velocidade de todas as decisões, tirando o tempo necessário de reflexão; o desejo de poder, de exercer uma autoridade sobre outrem; a tendência do espetáculo; e o desejo de fórmulas que possam medir tudo, inclusive aquilo que é intangível.

Entende-se por comunicação planejada aquela representada pelos processos que se traduzem em algo tangível. São os jornais e revistas corporativos, as intranets, os murais, os encontros com os diretores, ações e iniciativas que podem ter alguma medição como tiragem, acesso, número de participantes. Esses processos mensuráveis englobam o que o autor trata como **organização comunicada**, processos formais e disciplinadores, da fala autorizada.

Além da organização comunicada, há também a **organização comunicante**: trata-se de um processo comunicacional que acontece quando um sujeito (seja um funcionário) estabelece alguma relação com a empresa, de alguma forma e em algum nível. Em outras palavras, se alguém atribuir algum sentido a alguma ação ou processo da empresa, ou ao que ela faz, e assumir essa relação ou interação como comunicação, então será comunicação. Aqui entram em cena os processos que se realizam na informalidade, aqueles que surgem naquelas fissuras e os quais a organização pode nem sequer saber que acontecem ou surgem.

Ou seja, as empresas não têm controle sobre esse processo. E a ausência de poder da companhia nesse âmbito permite que essa alteridade – no caso, os funcionários – se manifeste com mais força nas disputas e construção de significados. Por essa razão, esse campo de informalidade merece muita atenção por parte da organização, mas sem a esperança de controle, e pode ser usada como um importante aliado no processo comunicacional.

No trabalho de redimensionar a comunicação organizacional, Baldissera atenta também para outros processos comunicacionais que dizem respeito às empresas, mas que têm ganhado pouca atenção como comunicação organizacional. São esses os processos informais indiretos que acontecem fora da organização, mas que se referem a ela, que ele trata de **organização falada**.

Os exemplos desses processos são simples e abundantes, como dois colegas de trabalho conversando sobre assuntos da empresa em um fim de semana, durante um jogo de futebol do qual participam, ou em casa, com a família ou com os vizinhos.

Como hoje as empresas (e suas respectivas marcas) são fonte de conteúdos e pauta de muitas conversas fora de suas dependências, é importante ter a organização falada a seu favor. Todos esses exemplos de conversas são comunicação organizacional, e mesmo que a empresa não tenha controle sobre eles, nada impede que ela invista em ações ou comunicação formal para amenizá-los.

Nessas três dimensões (organização comunicada, organização comunicante e organização falada), podemos encontrar a presença de sujeitos em interação comunicacional. Dessa relação surgem as disputas e as construções de significados. E vale entender como disputa a troca de pontos de vista, algo que acontece no dia a dia e ao qual nem sequer prestamos atenção, mas que se materializam por meio de expressões como "Não era bem isso o que eu quis dizer", "Você parece que não entendeu".

Ao encarar a comunicação sob esses processos, de uma forma mais abrangente e não mais focada em apenas um aspecto, percebe-se claramente sua complexidade. E dessa observação nasce a importância do diálogo, que precisa ser realizado em um ambiente de confiança, que seja multidirecional e polifônico e que fortaleça a diversidade ou alteridade dos atores que participam da comunicação. E essa diversidade irá, por sua vez, fortalecer a comunicação e a construção de significados.

Partindo da ideia de que comunicação organizacional é uma construção de sentidos ou significados, fica mais evidente que comunicação e cultura organizacional apresentam uma grande complementaridade: a primeira forma a segunda pela construção de significados. Trata-se de uma relação recursiva, pois a comunicação forma a cultura que transforma a comunicação.

E se a comunicação e a cultura são causas e efeito ao mesmo tempo, não é difícil compreender então que, pelo olhar atento à comunicação que uma empresa faz é que podemos conhecer a cultura e a identidade dela.

1.9. Esse Seu Jeito de Ser...

A Cultura e a Comunicação

O que define a cultura de uma empresa? O que é, aliás, cultura organizacional? Antes de responder a essas questões, permitam-me trazer um pouco mais de minha experiência pessoal.

Nos três anos em que estudei em Barbacena (MG), na EPCAr, tive um maior contato com cariocas, candangos (pessoal nascido em Brasília), gaúchos, aratacas (do Nordeste) e mineiros – estes, tanto alunos de minha turma quanto o pessoal da cidade. Era possível perceber os traços de cada um. A maneira peculiar de falar, uns cantando, outros parecendo se arrastar. Um *r* mais puxado aqui, um *s* mais forte ali, uma gíria típica. Na cidade, o jeito acolhedor e ao mesmo tempo meio desconfiado da mineiridade, com seus pães de queijo.

O jeito de ser de cada grupo dava uma mostra de como era a cultura do estado de origem. Linguagem, jeito de lidar com alguém ou alguma coisa, aspectos físicos, tipo de roupas. Tudo isso era reflexo de uma cultura, de várias culturas que foram, aos poucos, se transformando em uma: a de aluno da EPCAr. Assim, houve uma espécie de ajuste no sotaque, pendendo mais para o *r* e *s* do Rio de Janeiro, e a padronização de linguagem, com termos típicos da FAB. Sem contar a farda que nos caracterizava e os *bizus* (dicas) de como agir em determinadas situações – principalmente para escapar de algum problema (leia-se ficar preso no fim de semana na escola, de castigo).

Nas empresas, o que define sua cultura não foge muito ao que define os grupos acima: é o jeito de ela ser. Mas há sempre como melhorar uma definição, ainda mais se contarmos com a ajuda de um dos *papas* no assunto, Edgar Schein. Para ele, cultura organizacional é o conjunto de pressupostos básicos criados, desenvolvidos ou descobertos por um grupo ao lidar com problemas relacionados à sua sobrevivência, à manutenção do próprio grupo. E esses pressupostos, ao cumprirem bem essa finalidade, acabam sendo passados aos novos membros do grupo como a forma correta de atuação em relação ao seu cotidiano.

Dizer que um grupo de pessoas inventou, descobriu ou desenvolveu algo pressupõe, no mínimo, um certo grau de interação, de trocas de opiniões, de exposição de pontos de vista, de discussões, de tentativas de imposição de um desses pontos, de silêncios, de conflito, até a chegada de um consenso. E o que é isso senão um processo comunicacional, senão a disputa e construção de sentidos, de significados?

Ainda pegando carona na definição de Schein, temos a ideia de atitudes e comportamentos. Assim, afirmar que comunicação é um comportamento não deixa de fazer sentido. Vejamos, por exemplo, dois tipos de situações em uma empresa, bem banais.

Um funcionário chega mais falante do que o habitual. Cumprimenta a todos com um largo sorriso, ensaia alguns passos de dança e, finalmente, senta-se em seu lugar. Outro empregado chega quieto, carrancudo. Praticamente não olha para os lados, mas para um vazio, como se estivesse absorto em seus pensamentos. Ao contrário do que sempre fez todos os dias, sequer retribui os cumprimentos dos demais. Chega a sua mesa em silêncio e assim permanece.

Temos duas situações diferentes. Na primeira, há a utilização de códigos verbais e não verbais que passam a mensagem de que o funcionário está feliz, *viu passarinho verde*, como diziam antigamente. Dá até vontade de chegar perto para saber o que houve e compartilhar a felicidade. No outro caso, não foi emitida nenhuma palavra, mas a mensagem também é clara: "Estou com um problema e não quero nenhum tipo de conversa". Portanto, o comportamento é também comunicação. Isso nos lembra Harry Pross, ao falar de mídia primária, como veremos mais adiante.

Ainda a respeito da definição de Schein, podemos perceber então que o modo como uma empresa organiza seu espaço de trabalho (para lidar com o desafio de produzir algo), decora o ambiente ou estipula regras de vestuário (desde o uso de uniformes ao chamado *casual day*) compõem e reforçam sua cultura. Imagine uma empresa de TI que não tenha um ambiente despojado, com uma sala para seus funcionários jogarem videogame. Essa imagem já parece estar no inconsciente de cada um. Se alguém entrar em uma empresa desse segmento sem essas características não vai entender nada. Além disso, os valores que uma determinada organização costuma colocar em quadros e sites também revelam sua cultura – e revelam ainda mais se não forem seguidos e compartilhados...

Outra forma de encarar a cultura organizacional é entendê-la como uma *teia de significados*, dinâmica, com critérios de classificação, regras, modelos, normas, enfim, toda forma de orientações comportamentais – com tendência à estabilidade, refletindo o princípio do anel retroativo, da complexidade. Como explicam Baldissera e Marlene Bianca Sóli no artigo já mencionado: "a cultura também realiza movimentos de semiotização (atribui significação e incorpora novos elementos do mundo ao sistema cultural da organização) e de dessemiotização (expurga elementos que já não lhes são úteis)".

A ideia de teia é interessante, pois se aproxima de Morin, em *Introdução ao pensamento complexo*, quando ele fala da tapeçaria contemporânea (que, no fundo, é a empresa). Segundo ele, essa tapeçaria possui vários tipos de fios, como de algodão, lã e seda, e de várias cores, sendo necessário conhecer as leis e os princípios relativos a cada um deles. Acontece que a soma dos conhecimentos sobre cada um desses fios que compõem a tapeçaria não permite ser possível conhecer todo o tecido que eles formam.

Com isso, ele quer dizer que, sem o viés da complexidade, não temos como ter uma melhor ideia desse tecido. Ao separar fio por fio, e ver quais as suas qualidades e propriedades, tem-se a ideia de um todo maior que a soma das partes que o compõem. Ao mesmo tempo, percebe-se que pelo fato de estarem em conjunto, entrelaçados, alguns fios acabam não manifestando, ou expondo, ou aproveitando suas qualidades ou propriedades. É como se não ficassem *por inteiro*, para garantir a organização final do tecido. O que nos leva a pensar que, dessa forma, o todo é menor do que a soma das partes. Pelo princípio dialógico, vemos que o todo é ao mesmo tempo maior e menor do que a soma das partes.

Imaginando uma empresa a partir do exposto: cada empregado é um fio, com suas competências profissionais e outras características (como escolaridade, condição socioeconômica e *bagagem de vida*). Somando todas essas qualidades, é possível ter uma ideia de uma grande empresa. No entanto, no dia a dia, cada funcionário não exibe plenamente todas as competências que possui. A partir daí, pode-se imaginar que o tamanho da empresa é menor que a soma das partes.

Ainda sob o olhar da complexidade, Baldissera e Sóli contam que a cultura de uma empresa é tecida e retecida, o que tende a gerar um afrouxamento das hierarquias e da rigidez organizacional, uma vez que na disputa de significados muitos aspectos da organização são questionados. Isso reforça a resistência por parte de muitos gestores em adotar uma comunicação dialógico-reflexiva.

Para superar essa resistência, os autores recomendam aos gestores: ter autocrítica; decisão para reconhecer e escutar o outro; criar lugares de fala/escuta; estimular a participação comunicativa; valorar a fala do outro como diversidade, informação, comprometimento, soma/potencialização; e processar essas falas/diálogos, realimentando o sistema – transformar-se, transformar e permitir ser transformado.

E qual o melhor caminho para realizar essas ações? A própria comunicação, que irá funcionar como uma espécie de instituição para qualificar a organização. Da mesma forma, podemos entender que a cultura pode ser vista como um processo de desenvolvimento de uma sociedade, de um grupo ou de uma pessoa, no qual engloba necessariamente a compreensão comum de significados e valores entre as pessoas que de alguma forma compõem um grupo.

Construída por meio dessa interação, a cultura expressa o que é a organização, ao mesmo tempo em que também a guia, oferecendo formas de pensar, sentir e reagir, que devem ser consideradas pela comunicação interna, para que esta possa produzir comportamentos desejáveis para o desempenho da empresa. Assim, a comunicação interna deve permitir, como ressalta Élida Neiva Guedes, no artigo *Já não bastam mídias, campanhas e eventos: a comunicação interna precisa construir sentido,* que o funcionário saiba exatamente o que ele faz, por que faz e como fazer seu trabalho – além de permitir que ele possa ser ouvido, e dessa forma ter um sentimento verdadeiro de pertencer à organização.

Porém, adverte a autora, não se pode esquecer que essa construção de significados sofre influência das normas, crenças e princípios da sociedade que cada um dos empregados carrega em si, a partir de seus filtros e significados que criou a partir de outros grupos dos quais participa. Ou seja, tanto o comportamento dos funcionários de uma empresa quanto a formação da cultura dessa organização e a própria comunicação que nela é praticada sofrem impactos das mudanças sociais, que impactam as pessoas e as empresas. Será que a comunicação interna e os profissionais de comunicação estão atentos a isso?

1.10. Um Momento Mágico

A Comunicação Interna

Considerada ferramenta estratégica de gestão, a comunicação interna tem recebido muitas definições. Nesta parte em que dialogamos com várias vozes por meio de uma revisão bibliográfica, estão alguns autores e suas respectivas visões acerca do que é, qual a importância e o que caracteriza uma comunicação interna ideal e estratégica.

Em algumas dessas definições é possível encontrar aspectos em comum. Integração, diálogo, mudança organizacional e controle e adestramento são exemplos. Há até um encontro mágico. Apesar de antagônicas, sob o olhar da complexidade, mais precisamente do princípio dialógico, vale afirmar que todas são comunicação com os empregados. Assim, temos algumas definições compiladas a partir dos textos de Marlene Marchiori e Cleusa Maria Andrade Scroferneker (*Comunicação interna: um fator estratégico no sucesso dos negócios* e *O diálogo possível: comunicação organizacional e paradigma da complexidade*, respectivamente. As indicações das obras dos autores a seguir estão nas referências de leitura, ao final):

1. Margarida Kunsch entende que a comunicação interna é um setor planejado, com objetivos definidos para dar condições para que organização e empregados interajam. É ainda uma visão que permite antecipar respostas às expectativas, aparando conflitos e buscando soluções preventivas.

2. Para João José Curvello, ela se dirige para os funcionários, gerências e diretoria e tem como objetivo buscar informar e integrar os diversos segmentos desse público aos objetivos e interesses da organização.
3. A impressão que essa definição transmite é que os objetivos e interesses das pessoas devem se subordinar aos da empresa, e que esta não precisa se preocupar com os das pessoas. A tentação de entender essa comunicação como organização comunicada, de Baldissera, é grande.
4. Na definição de Cyro Marcondes Filho, a comunicação interna é "um encontro feliz, um momento mágico entre duas intencionalidades". Ele aproxima-se da definição de comunicação como disputa e criação de significados, citando a criação de um ambiente no qual os dois lados participam e extraem algo novo, inesperado.

   Aqui, percebemos a comunicação com um poder de transformação (*momento mágico*), no qual os interlocutores são criadores em conjunto, sendo que desse trabalho extraem algo novo, uma nova ideia, um novo comportamento. São duas entidades em *rapport* construindo a comunicação. E esse processo comunicacional, ainda segundo Marcondes Filho, vai além das palavras, ou melhor, "da linguagem estruturada e codificada da língua".

   O poeta Carlos Drummond de Andrade, em um de seus poemas, *O constante diálogo*[1], parece traduzir muito bem

---

[1] O constante diálogo

Há tantos diálogos / Diálogo com o ser amante / o semelhante/ o diferente / o indiferente / o oposto / o adversário / o surdo-mudo / o possesso / o irracional / o vegetal / o mineral / o inominado.

Diálogo consigo mesmo / com a noite / os astros / os mortos / as ideias / o sonho / o passado / o mais que futuro.

Escolhe teu diálogo / e tua melhor palavra/ ou teu melhor silêncio.

Mesmo no silêncio e com o silêncio / dialogamos.

(ANDRADE, Carlos Drummond de. Seleta em prosa e verso. Rio de Janeiro: Livraria José Olympio Editora, 1978)

o que Marcondes Filho nos diz. Ao final do poema, depois de apresentar vários tipos de diálogos e interlocutores, o poeta mineiro de Itabira conclui: "(...) Escolhe teu melhor diálogo/e tua melhor palavra/ou teu melhor silêncio/ mesmo no silêncio e com o silêncio dialogamos".

5. Outra definição deixa a poesia de lado e traz uma dura realidade: Wilson Bueno destaca existir um certo negligenciamento da comunicação interna como espaço de participação, diálogo e interação nas empresas. Para ele, essa comunicação ainda é vista e praticada como uma forma de controle e adestramento dos funcionários por parte das empresas.
6. Para Dejan Vercic e Krishnamurthy Sriramesh, a comunicação interna surge como uma especialização em ascensão e trata das transações de comunicação entre indivíduos e públicos de vários níveis e em diferentes áreas de especialização, dirigida a reestruturar organizações, implantar e coordenar atividades diárias. A comunicação interna é, ainda segundo os autores, o processo fundamental no gerenciamento de mudanças.
7. Voltada para as atividades diárias. Assim J. B. Pinho trata a comunicação interna: o conjunto de processos comunicativos realizados nas empresas para permitir que os seus funcionários cumpram as tarefas a eles estabelecidas.

   Uma observação, neste caso, refere-se à limitação do campo de atuação da comunicação interna, restrito, na definição. Ao dizer que ela se realiza no interior da organização, o que dizer quando um funcionário resolve ler a revista corporativa ou entrar no site da companhia na casa dele? Deixa de ser comunicação? Neste ponto, vale a utilização do termo *âmbito* no que afirmou Baldissera. E por falar neste autor, há uma presença do conceito de organização comunicada em Pinho.
8. Para Gaudêncio Torquato, a comunicação interna tem por finalidade o fomento de um clima positivo, no qual seja possível atingir as metas da organização além de manter ou

fazer crescer a oferta de produtos ou serviços da empresa. Aqui, a comunicação interna é encarada como *endomarketing*. Mas há quem discorde. Antes porém vale entender o que vem a ser *endomaketing*.

De acordo com Saul Faingaus Bekin (em *Conversando sobre endomarketing*), *endomarketing* consiste em ações de *marketing* voltadas para o público interno da empresa para incentivá-lo a atingir um determinado objetivo ou meta. Uma campanha para diminuir os acidentes de trabalho, para aumentar as vendas, por exemplo.

A principal razão para não aceitar o *endomarketing* como comunicação interna está em encarar o funcionário como um cliente interno. E como público-alvo de uma comunicação que não vai permitir o diálogo, com campanhas persuasivas, manipuladoras em alguns casos. Essa visão tira dele seu papel de protagonista e (co)construtor do processo comunicacional. É a empresa que comanda o processo, em busca de objetivos positivos para ela. O conteúdo tende a seguir a linha do autoelogio, das boas-novas, de um positivismo da ordem e do progresso, deixando de lado temas mais áridos como a redução de custos, a demissão de pessoal, o fechamento de uma unidade de negócio.

Além disso, tratar os funcionários como clientes internos pode gerar uma boa questão: como clientes de outras áreas da empresa, no caso de não se sentirem satisfeitos com o atendimento ou serviços de outro departamento, do RH por exemplo, eles poderão buscar o RH de outra empresa para ajudá-lo? Afinal, os clientes podem buscar outros fornecedores...

9. Outro autor, Paul Argenti, explica que comunicação interna vai além de memorandos, publicações e as respectivas transmissões. Ela pressupõe o desenvolvimento de uma cultura corporativa e a possibilidade de impulsionar mudanças organizacionais. Ele acrescenta que os funcionários, nos dias de hoje, buscam comunicações sofisticadas e o uso mais frequente de alta tecnologia – nada de anormal

ou estranho, ao presenciarmos o grau de interatividade das gerações mais novas com os inúmeros *gadgets* e aplicativos que existem. Entretanto, a par disso, os colaboradores também querem contato pessoal com os seus gerentes. E entender isso é fundamental para se estabelecer um programa eficaz de comunicação interna eficaz.

A presença e participação do líder, ou gerente, como trata Argenti, também é possível ser vislumbrada em Margarida Kunsch, quando ela afirma que a comunicação permite antecipar respostas às expectativas, aparando conflitos e buscando soluções preventivas. Quem pode antecipar respostas ao empregado? Também o líder, desde que ele esteja preparado devidamente para isso.

10. Finalmente, para Marlene Marchiori, a comunicação interna e os funcionários andam de mãos dadas. E esse caminhar pode trazer muitos benefícios – até mesmo junto a outros públicos, como os consumidores. Ao ter funcionários bem informados sobre o que acontece na empresa, integrados às metas e alinhados aos valores corporativos, torna-se mais fácil engajá-los e tê-los como espécies de *embaixadores da marca*.

E que outras razões justificam ou destacam a importância da comunicação interna? A lista não é pequena e podemos começar citando o fato de a comunicação ser o processo de transmissão da cultura (e de toda a simbologia que a representa). E ela não se relaciona tão somente com essa transmissão: a comunicação contribui, e muito, para a construção dessa cultura.

Ter uma comunicação interna eficiente, a partir de sua definição, auxilia o bom andamento dos processos e atividades realizados em uma empresa. Há quem diga que ela (a comunicação interna) ajuda a eliminar possíveis problemas da comunicação humana, como as incompreensões de pontos de vistas, as interpretações enviesadas, os silêncios que surgem em algumas conversas. Do ponto de vista processual, a comunicação interna até ajuda a minimizar essas questões, mas por serem parte do ser humano, esses ruídos devem estar no radar da comunicação também, pois não deixam de comunicar alguma coisa.

Aliás, é na diferença dos pontos de vista que é possível construir significados novos, respeitando-se, obviamente, cada um dos interlocutores (e sobretudo, esses interlocutores respeitando-se entre si).

Para Giselle Bruno Grando (no artigo *Redes formais e informais por um diálogo interno mais eficaz*), a importância da comunicação está na motivação, no comprometimento e na colaboração do funcionário, desde que ele receba informação de qualidade, desde que a comunicação seja eficaz. Em outras palavras, desde que a comunicação seja capaz de produzir diálogo e aumentar assim a participação de cada um.

A comunicação interna só alcançará plenamente o status de aliada da empresa se revelar seu potencial de agregar valor ao negócio. Para isso, ela deve fazer parte do poder decisório da companhia, para alguns uma instância chamada *board*. Ela deve fazer parte do planejamento anual e global, fomentando, mais uma vez (e é bom que se repita), a participação do funcionário, dando-lhe também voz, bem como deve contribuir massivamente para a geração e compartilhamento de conhecimento.

Como essas características da comunicação interna já estão incorporados, de alguma maneira, nas definições que ela recebe, imagina-se que ela só será estratégica quando for realmente colocada em prática...

Quem é o outro?

Para destacar a importância de um bom relacionamento da empresa com seus empregados e o papel da liderança na comunicação, Marlene Marchiori conta que muitas empresas destinam esforços, atenção e dinheiro a uma série de processos e ferramentas (pesquisas, grupos focais etc.) para estarem perto de seus consumidores e entender, da melhor forma possível, o que fazer para agradá-los mais em termos de produtos, serviços, atendimento. Tudo para garantir a fidelidade do cliente. Comparativamente, o mesmo deveria ser feito com seus funcionários, pois quanto maior for o envolvimento deles com a organização, maior será seu comprometimento (e isso deve ser feito além das pesquisas de clima, muitas das quais acabam com seus resultados presos em gavetas, não se transformando em ações concretas de melhoria). E como se dá esse envolvimento entre empresa e funcionário? Por meio da liderança? Sem dúvida, entendendo aqui líderes em todos os níveis e não apenas na alta administração. Mas será que eles estão preparados?

Outra maneira de compreender a presença do líder na comunicação interna é oferecida por Edgar Morin (no artigo *A comunicação pelo meio – teoria complexa da comunicação*). Para ele, mais do que vivermos em uma sociedade da informação, ou em uma sociedade da comunicação ou em uma sociedade do conhecimento, vivemos em sociedades de informação, de comunicação e de conhecimento. Ele é enfático ao dizer que, nos dias de hoje, há um excesso de informação e falta de organização, portanto carência de conhecimento.

Ele traz uma questão interessante ao propor que, quanto mais desenvolvidos os meios de comunicação, menos compreensão existe entre as pessoas, uma vez que a compreensão não está vinculada à materialidade da comunicação, mas ao social, ao político, ao existencial e a outras coisas. Diz ele que a comunicação por si só não é suficiente para gerar compreensão. Esta, aliás, pode ser influenciada tanto para o bem quanto para o mal pela comunicação – isso pode ser feito tecnicamente, por meio de um aparelho que cause algum ruído (leia-se também pessoas, com interesses duvidosos ou pessoais), ou pelo domínio de um código, como um idioma, por exemplo. "A comunicação não é, essencialmente, um problema de meios, mas de fins. É um problema que questiona o aspecto subjetivo profundo da pessoa. (...) Na compreensão, há sempre um componente afetivo", escreveu.

Esse componente afetivo está no interlocutor, moldado pela história de vida dele. É ele quem vai receber a informação organizada e que será reorganizada para criar um novo significado a partir dos filtros e referências que possui. Na verdade, esse processo se dá, de forma concreta, sujeito à interferência de fatores externos (ruídos) e internos (como bagagem cultural).

Por essa razão torna-se importante conhecer quem está no outro lado da linha, da mesa, ao lado no refeitório ou na sala de reunião. É por isso que o líder ou o gestor imediato deve estar próximo e procurar entender o que se passa na mente e no coração de quem compõe uma empresa. E saber que ele é falível.

E por não ser perfeito ou imune a erros, o líder pode não realizar uma comunicação eficaz, não propiciando nenhuma prática, ação ou comportamento novos. Isso significa para Marlene Marchiori que não houve entendimento. Mandar uma mensagem e imaginar que ela por si só fará todo o resto do processo, é perder tempo e não colher nenhum retorno produtivo. É preciso, reitera a autora, dar o referido acompanhamento que a mensagem merece. Informar por si só não significa comunicar. É preciso ter um *feedback* dessa comunicação.

Isso corrobora a necessidade de incluir a liderança na comunicação interna, pois ela ajudará no devido acompanhamento de uma mensagem. Ao fazer isso, reforçando, explicando e/ou contextualizando um conteúdo passado aos empregados, os líderes contribuem para que a comunicação seja feita. E esse *acompanhamento* só é possível quando valores como confiança, competência, comprometimento e credibilidade estão na base da relação entre líderes e liderados.

A ausência da participação apropriada do líder na comunicação ou um processo realizado de forma deficiente podem afetar o grau de confiança do funcionário, entre outras coisas. Como a comunicação com empregados tem responsabilidade sobre o engajamento e é a oportunidade de os líderes traduzirem as metas e torná-las claras para todos, da mesma forma que é meio para ajudar o gerenciamento de conflito, quando ela não existe ou é deficiente, provoca desengajamento. E todos perdem.

E nada adianta ter em conta a importância da comunicação interna se há um abismo entre discurso e prática no que diz respeito à valorização e importância das pessoas nas organizações. E olha que o abismo ainda existe. Em muitas empresas, as pessoas são consideradas o tal principal ativo, o coração da organização, o diferencial competitivo... mas acabam recebendo, mesmo assim, com tanta *atenção* e *carinho*, as informações sobre o que a empresa está lançando pelo jornal que lhes é distribuído nas esquinas das cidades...

Por essa razão, os alinhamentos entre discurso e prática, entre líder e liderados, entre pessoas e organização e, sobretudo, entre valores pessoais e organizacionais, são importantes. Por que esses alinhamentos vão propiciar o diálogo e serão realimentados por este.

Caso contrário, o mundo corporativo cai por terra.

1.11. Caminhando Contra o Vento

O Fluxo Formal e o Informal de Comunicação

Em algumas empresas parece existir uma cultura do silêncio, de mudez corporativa. Essa restrição ao uso das palavras, ao diálogo, é incentivada muitas vezes, consciente ou inconscientemente, pela liderança. Atitudes como essa fazem com que as demais pessoas busquem qualquer tipo de informação nos grupos das quais participam, em especial os grupos informais.

Ao impedir a circulação de informações, os líderes impedem que elas cheguem a quem vai tomar uma decisão, partilhar experiências, gerar um novo conhecimento. Essa barreira cria um ambiente que coloca em risco a própria empresa, e não apenas isso. Trata-se de uma prática que não permite às organizações terem mais agilidade para a tomada de decisão e para criarem e manterem um ambiente de colaboração internamente. Imagine então qual a dificuldade de muitas companhias quando instadas a entrarem no jogo da coopetição!

Independente de viverem em ambientes de silêncio e trevas ou em empresas transparentes e abertas ao diálogo, as pessoas formam relacionamentos que vão além dos imaginados, estimulados e valorizados pela organização em que atuam a partir de interesses e afinidades em comum. Isso acontece em todo e qualquer tipo, tamanho e perfil de empresa. E esses grupos informais são mais originais, fortes e coesos do que os grupos formais. É por meio dessa rede, desses grupos, que se realiza a comunicação informal. Esta, ao contrário da formal, é uma narrativa rica, solta, natural que as empresas começam a valorizar.

Caracterizada por não estar submetida ao controle da empresa (portanto, fora dos canais oficiais) ela tem como principal conteúdo temas do dia a dia dos funcionários, foca o indivíduo e sua origem está na liderança. Ao menos, deveria estar... É mais espontânea e praticamente calcada na oralidade – o que lhe garante mais rapidez e fluidez do que a comunicação formal.

Apesar dessas qualidades, muitos gestores e profissionais de comunicação acabam ignorando ou considerando a comunicação informal como algo ruim. Duas razões podem justificar esse tipo de atitude: ela tem a capacidade de transmitir informações extraoficiais e boatos sem fundamento, o que pode trazer sérios problemas para a empresa; tais gestores e comunicadores não sabem como controlar esse fluxo e, assim, desdenham-no.

Porém, como diz o ditado, se não puder vencê-los, junte-se a eles: como essa comunicação tem um alto poder de disseminação, vale a pena entender como ela funciona, quais são seus principais agentes e como trabalhar com eles os conteúdos que precisam ser passados aos funcionários. Mesmo estabelecendo essa parceria, é sempre bom repetir: isso não significa ter controle sobre a comunicação informal. E o risco de surgirem rádios peão, rádios corredores e boatos ainda permanece.

Os boatos geralmente partem de algum dado real, mas que acaba sendo distorcido em algum momento da comunicação – em função dos interesses e referenciais dos envolvidos nesse fluxo. A ideia do "quem conta um conto aumenta um ponto" é facilmente percebida aqui. Passando de pessoa a pessoa, eles acabam sem serem checados e tornam-se referência entre o grupo – para ter uma ideia, veja em sua *timeline* do Facebook se existem inúmeras postagens de matérias absurdas, sem base concreta de veracidade e número de compartilhamentos...

O ambiente propício para que os boatos apareçam é aquele com falta ou com deficiência de informação, em que pode surgir uma condição de ambiguidade. Vale lembrar o exemplo da empresa em processo de fusão. A ausência de informação sobre o futuro dos empregos pode gerar *conteúdos* que preenchem o silêncio da fala autorizada. Nesse caso, vale tudo, em especial imaginar que "se não falam nada é porque estão pensando em como anunciar os cortes".

Apesar dos riscos, o sistema informal é tão importante que sem ele seria possível desenvolver equipes e manter as pessoas unidas – nenhum homem é uma ilha, dependemos (uns mais e outros menos) de nos inserir em grupos. Para alguns autores, as organizações pereceriam, não fosse a rede informal a preencher as lacunas deixadas pela rede formal. E por falar em redes, vale terminar esta parte tecendo considerações sobre esse termo.

Ele se justifica a partir dos modelos de visualização de como a informação pode circular em uma empresa, fora dos canais oficiais. Giselle Bruno Grando apresenta as quatro maneiras de visualizar esse processo:

a. A informação caminha ponto a ponto. Ou seja: José conta para Maria, que conta para João e assim por diante, um a um. Esta é a cadeia de via única. Nesse tipo, encontra-se a maior propensão à distorção dos fatos, pois é uma cadeia tênue para um receptor distante;
b. A informação é passada ao acaso. Ou seja: José conta para Maria e João, de acordo com as leis de probabilidade; depois Maria e João contam aos outros do mesmo modo. É a cadeia de probabilidade.
c. Na cadeia aglomerada, José conta para três pessoas selecionadas; talvez uma conte a duas outras e, em seguida, uma dessas duas conte a outra.

Como se percebe, esses fluxos ou cadeias estruturam-se como redes, em que não existe a necessidade de hierarquia para controlar o fluxo do que é comunicado. No processo, a informação fica em estado permanente de modificação ou sujeita a ela: quem a recebe a interpreta a partir de seus filtros e a repassa. Essa transmissão se dá entre grupos (que são criados naturalmente em função da situação em que pessoas ou organização se encontram, ou seus interesses) e seus elementos de comunicação são chamados de *mensageiros ativos da rede*. E quem são eles? Qualquer um pode ser.

1.12. Sabe Com Quem Está Falando?

A Comunicação e a Hierarquia

Apesar de a hierarquia não ter vez no controle do fluxo de informação na comunicação informal, ao menos ela vem garantindo sua presença nos grupos formados pelo ser humano (e por algumas outras espécies também) durante toda a história da humanidade. E por mais que as atuais mudanças por que passam as sociedades e organizações questionem a hierarquia, ela ainda respira. Duas razões ajudam a entender essa sobrevida, digamos assim: ela permite ou enseja uma certa ordem que permite a empresa ser organizada ou estruturada; e ela faz parte ou é mantida por ações de determinadas pessoas ou grupos com fins específicos (em geral, para se perpetuar no comando, no poder).

No primeiro caso, é possível apontar alguns aspectos positivos que ela propicia. Nas organizações, a hierarquia contribui para uma divisão vertical do trabalho, o que funciona como uma espécie de organização e alocação de responsabilidades e de autoridade. Essa divisão facilita o controle dentro da empresa – ajuda a manter a ordem e paz organizacionais. E saber a responsabilidade e atribuições de cada um não deixa de ser uma boa inciativa para a governança corporativa – mas há um alerta: essa divisão não deve inibir a interação entre pessoas e áreas, fundamental para a inovação.

Do exposto decorre outra vantagem: ela é capaz de gerar transparência no que se refere a cargos e salários (pois deixa claro o que cada um deve receber pelo que tem de fazer e por ocupar uma determinada posição no organograma) e também no que diz respeito à possibilidade de planejamento de carreira: o profissional, por meio da hierarquia, tem conhecimento dos cargos que existem e das competências necessárias para cada um deles, e assim, com o seu gestor, pode planejar que caminhos e decisões tomar para *crescer* na empresa – ou preencher os quadrinhos do organograma.

Panelinhas S.A.

Em relação ao segundo aspecto que justifica a presença da hierarquia: ela pode gerar determinados benefícios para algumas pessoas ou grupos de pessoas independentemente do que fazem ou das posições que ocupam nos tais quadrinhos. Ou seja, combinando o *jeitinho* e o *quem indica*, a hierarquia ajuda a fortalecer as chamadas panelas e a perpetuar profissionais em determinados cargos ou indicar alguns para outros cargos, melhores ou piores, a depender da relação desse profissional com o grupo em questão ou a alguém que pertença a ele. Neste caso, toda a animação e vontade do funcionário que se esforça em cumprir seu plano de carreira pode ir por água abaixo se ele perceber que não faz parte de um determinado time.

Isso se torna, em decorrência, um reflexo perverso da hierarquia. E, infelizmente, não o único. Ela pode contribuir para a criação de uma distância entre pessoas, seja de forma estrutural, seja relacional, e para a criação de algumas limitações na comunicação. Por exemplo, a hierarquia tende a promover uma comunicação de cima para baixo (o contrário até pode existir, mas não ficará fora dos padrões da fala autorizada, reforçando apenas um ponto de vista – o da empresa; quem vai se manifestar contra um superior a respeito de uma decisão informada pela direção?). Isso contribui para minar o diálogo, torna a comunicação unilateral, que enquadra cada um em seu espaço, em sua especialidade, não permitindo uma resposta, uma interação – fatores que contribuem para a criação e fomento de uma cultura de inovação, por exemplo. A hierarquia pressupõe um sistema formal de comunicação.

Nesse sistema, o poder está com quem passa a informação. E como informação transforma-se em poder, o profissional pode começar a *guardá-la* consigo, ou passá-la de forma incompleta, dúbia, em função de seus interesses pessoais. Dessa forma, a hierarquia, que para alguns é uma maneira encontrada para evitar o caos em uma organização, assume a forma de um muro para uma comunicação clara e eficiente.

Confusa e ambígua, a comunicação deixa de cumprir seu papel e é aí que o caos pode se instalar. Basta lembrarmos que a comunicação organiza e a organização comunica: tendo em mãos, em seus corações e em suas mentes o sentido do trabalho, o que devem (e como) fazer, as pessoas – cada uma com sua respectiva responsabilidade e autoridade – têm melhores condições de chegar ao resultado esperado. Sem uma comunicação interna bem feita, nada feito.

Reduzir o número de níveis hierárquicos e/ou introduzir mecanismos eficientes de governança são algumas das ações possíveis para amenizar os reflexos negativos da hierarquia. No caso da governança, por meio de seus mecanismos, é possível dar voz e poderes a todos sem se importar com os níveis ou escalões que ainda existirem ou que existem. Outra alternativa é implantar uma gestão participativa.

Pode-se dizer que a gestão participativa não é algo novo. Alguns estudiosos atribuem ações dessa natureza, por aqui, ao Barão de Mauá, em meados do século 19. Já em meados do século seguinte duas experiências na organização do trabalho em dois países chamaram a atenção para a participação e o envolvimento dos trabalhadores nos processos de decisão e controle do ambiente do trabalho. De um lado estava o Japão, com os círculos de qualidade, por exemplo, e de outro estava a antiga Iugoslávia, com a autogestão das fábricas. Outros exemplos que mostram que o tema tem uma história podem ser a publicação do artigo *Who wants corporate democracy*, na *Harvard Business Review*, em 1971, e a história de Antônio Guerreiro Filho.

Guerreiro Filho introduziu a gestão participativa quando administrava a empresa Rockwell-Fumagalli, depois Fumagalli Automotive Wells, sediada no município de Limeira, interior de São Paulo. Há 30 anos, ele concedeu aos empregados a responsabilidade de tomar decisões – essa mudança ficou conhecida como *O poder da camisa branca*. A história deu origem ao livro com o mesmo nome e a filosofia criada por ele em 1984 se tornou conhecida em diversos países.

Mas implantar uma gestão participativa é um grande desafio. Isso porque as organizações precisam preparar bem as pessoas, pois esse modelo de gestão não se refere apenas ao simples fato de participar, mas de ter a capacidade de tomar decisões já que antes o comum era obedecer ordens.

É preciso realinhar e adaptar os perfis profissionais para a nova cultura organizacional. Além disso, os funcionários precisam ter clareza sobre como são tomadas as decisões, quem tem o poder e em que momento tomar, qual o papel dos líderes, até que ponto se tem autonomia sobre as atividades desenvolvidas. Tudo isso precisa ser muito bem comunicado.

1.13. No Comando, Positivo e Operante!

A Gestão e a Comunicação

A crescente valorização do ser humano no mundo corporativo tem suas raízes nas teorias modernas de administração, que vêm orientando as organizações para as pessoas, conferindo mais importância à comunicação organizacional. A lógica é simples: quanto mais acesso à informação e maior circulação dela no ambiente de trabalho, melhores serão as condições de os empregados se qualificarem, conscientizarem e se comprometerem com a organização e com a busca e realização de melhores resultados.

No entanto, o mundo corporativo ainda é pouco habitado por organizações que adotam esses modelos – embora o discurso que pregam seja nessa linha. Muitas empresas ainda tendem a reproduzir os modelos antigos em administração, calcados no *controle*, que inibem a participação e a criatividade.

O consultor César Souza, em o *Manifesto do Neomanagement...*, corrobora essa opinião e aproxima o tema da liderança. Para ele, insistir no velho modelo é ignorar que o eixo do mundo corporativo está mudando. É o mesmo que aplicar soluções obsoletas aos desafios atuais. É usar o mesmo remédio para problemas diferentes.

Para ilustrar, ele utiliza a imagem de um carro no qual, no banco do motorista sentam-se os principais líderes das empresas que, em vez de olharem por mais tempo para o caminho a ser seguido, prendem quase a totalidade da atenção no espelho retrovisor, deixando-se guiar pelo pensamento de alguns gurus do passado. É preciso, reitera Souza, superar a Era do *Management*. E ele dá alguns exemplos do que é necessário deixar para trás. A padronização é um deles.

Para tanto, ele explica que a gestão moderna se desenvolveu a partir da definição de processos para garantir a disciplina e a ordem nas tarefas e nas pessoas por meio de padrões e controles. Tudo para evitar surpresas com possíveis desvios do que fora planejado. Isso criava uma sensação de conforto e de segurança. Por outro lado, tinha um potencial enorme de inibir a inovação e o empreendedorismo. Era mais uma preocupação em *como fazer* do que *no que deve ser feito*.

Percebem-se, dessa forma, traços relativos a um padrão de comunicação adotado nessas organizações, calcada em veículos que têm a função de repassar ordens, monológica. No entanto, desde o fim do século 20, o mundo vem assistindo a um turbilhão de mudanças que vão desde a presença de uma força de trabalho cada vez mais diferenciada, passando por pessoas ansiosas e ávidas para receberem um tratamento diferente (algo potencializado pelas redes sociais digitais), e um ambiente no qual os clientes também são diferenciados até por demandas customizadas. Dessa forma, não há outra alternativa a não ser superar a premissa da padronização que gerou o *management* tradicional e adotar a *customização total* como palavra de ordem do *neomanagement*.

E o que seria a customização total na comunicação? Como a empresa daria essa atenção exclusiva, essa dedicação, para cada um de seus profissionais? No caso de uma empresa pequena, ou micro, em que todos ocupam o mesmo ambiente de trabalho, não é uma tarefa complicada. Mas em um grupo com unidades em todo o país, com mais de dez mil funcionários, uma boa parte deles alocada em clientes, a tarefa é hercúlea. A saída é investir na comunicação de todos os líderes, aliada a uma comunicação (bem) planejada. E aqui o líder terá de entrar de corpo e alma, de cabeça, no mundo sem dimensão (ou da nulodimensão), como veremos mais adiante.

Outro exemplo de conceito a ser superado é o da especialização. É preciso adotar a *multicompetência integrada*, como diz César Souza. A fragmentação das estruturas, e com ela a do conhecimento, teve o seu papel e importância quando o desafio relevante das empresas era o de aumentar sua eficiência operacional. Sob o mantra *dividir para melhor entender e gerenciar*, surgiram nas empresas alguns pequenos feudos. A partir de um cenário complexo, ter uma visão simplificadora, que separa (os feudos, as áreas), não se mostra como um caminho viável. Da mesma forma a comunicação deve ser encarada como alternativa mais apropriada para a integração e interação dessas áreas e como base para a geração e compartilhamento de conhecimento entre as pessoas.

Isso requer dos profissionais de comunicação um novo olhar sobre suas competências. Não vale mais apenas ser especializado em mídia impressa, eletrônica, digital. Ele precisa, para jogar no mercado, adquirir competências desse jogo e sobretudo se especializar em gente...

Hierarquia rígida é outro exemplo de conceito do *management* tradicional que deve passar por uma boa revisão. Como vimos, ela tem capacidade e poder de gerar uma pirâmide de autoridade, fortemente alicerçada no comando e controle, na linha do *manda quem pode, obedece quem tem juízo*. Em seu lugar, César Souza aconselha entrar a *governança flexível*. Outra alternativa possível é a *redarquia*.

E temos a redarquia

Algumas mudanças por que passam sociedade e empresa também têm impacto forte na hierarquia. A digitalização da vida e as novas tendências associadas ao desenvolvimento das tecnologias e mídias sociais contribuem para mudar a maneira como as pessoas se comunicam, dentro e fora do trabalho.

Graças à existência dessas redes sociais digitais, as pessoas estão sendo mais conhecidas pelo que sabem fazer do que pelo posto ocupado, o que torna obrigatória uma revisão na gestão de pessoas. Na atual e na futura cultura empresarial, vêm sendo tratado o conceito de *redarquia* em contraposição à hierarquia das empresas tradicionais, conforme observam José Ramón Pin Arboledas, professor de gestão de pessoas nas organizações e ética dos negócios do Iese Business School, na matéria *Pra frente, Brasil!*, de março de 2012, da revista MELHOR.

Redarquia significa uma nova ordem baseada nas relações de participação surgidas de forma espontânea entre pessoas com interesses parecidos. Seria como uma evolução das redes informais. A execução e a colocação em marcha de ações não estarão portanto em quem tem o poder no nível hierárquico, mas naquele que, por meio de redes de colaboração, conseguir levá-las ao fim. As novas gerações que vão se incorporar às organizações vão exigir um estilo de direção ou de liderança que permita que trabalhem em uma estrutura mais informal e que assumam os valores da rede: participação, horizontalidade, transparência, colaboração, criatividade e assim por diante. Por tudo isso, uma forte tendência é a criação e o fortalecimento de redes sociais internas ou corporativas (ou plataformas colaborativas) de forma generalizada nas empresas.

Dessa forma, a colaboração e o *excedente cognitivo,* ou seja, novas formas de compartilhar coisas do trabalho, inclusive fora do horário de expediente e da estrutura hierárquica da empresa, são o que está mudando o mundo, profissional e pessoal. As estruturas serão mais planas e a forma de progredir em nível profissional terá mais a ver com os projetos dos quais se participa do que com os cargos ocupados.

Nesse cenário, o uso de plataformas colaborativas faz com que estruturas formais e hierarquias saltem pelos ares e que se trabalhe mais levando em conta os conhecimentos da pessoa com quem se interage do que o cargo que ela ocupa. Isso cria também um ambiente propício para que as pessoas possam demonstrar suas competências para o resto da comunidade. E faz com que os futuros líderes sejam mais aprendizes do que professores, mais flexíveis do que empacados em determinados conceitos, mais abertos à multiplicidade de vozes e opiniões do que serem os donos da verdade.

Mais ideias mortas

"O ser humano não pode voar". "O Sol gira em torno da Terra". Em algum momento na história da humanidade, essas e outras afirmações faziam muito sentido e eram praticamente inquestionáveis. Hoje, para compensar a ausência de asas e penas em nosso corpo, fomos capazes de criar máquinas e equipamentos que nos permitem vivenciar e realizar o sonho de Ícaro. Com os trabalhos de Copérnico e Galileu sabemos que é a Terra que gira ao redor do Sol – curiosamente o astro do qual Ícaro inadvertidamente chegou perto, o que fez com que suas asas, presas com cera em suas costas, se desgrudassem e ele caísse.

Não apenas a hierarquia, a padronização e a especialização merecem, no mínimo, um novo olhar. Existem algumas ideias que já se aproximaram muito do Sol corporativo e, se não perderam as asas, ao menos parecem estar bem chamuscadas. São ideias, de acordo com César Souza, ainda no campo da gestão, que *estão mortas* e precisam ser sepultadas a fim de que parem de nos atormentar. Ele lista alguns exemplos:

1. *O maior concorrente de uma empresa é quem fabrica os mesmos produtos ou presta os mesmos serviços*. É sempre mais fácil culpar os outros, no caso o concorrente, pelos nossos fracassos. Na realidade, o maior adversário está quase sempre dentro da própria empresa: é a falta clareza no rumo, a falta integração entre as áreas, entre outras. É a falta de muita comunicação!
2. *Estrategistas são visionários*. Esse é o típico pensamento de caráter elitista, que criou diversas fragmentações na vida empresarial: de um lado está o chão de fábrica e de outro o pessoal do escritório. E esse pensamento criou uma comunicação que atua fortemente para manter (e até justificar) essa cisão.

3. *Lealdade à empresa garante estabilidade do emprego.* Essa ideia criou uma cultura de acomodação. Ou seja, quem se dá bem é quem apenas obedece às ordens. Para Souza, é melhor pensar que a contribuição de cada um na criação de valor é o que garante o emprego; que o questionamento é a base do crescimento. Ter uma atitude reflexiva pressupõe uma comunicação de duas mãos, dialógica. É preciso ter uma comunicação eficiente.
4. *Profissional competente é o* expert. A era dos especialistas está chegando ao fim. O mundo é complexo e não compartimentalizado. Vale encarar o novo profissional como um ser *multicompetente*. Um bom recado para os profissionais de comunicação que teimam em ter como suas responsabilidades apenas a confecção de veículos nas empresas.
5. *Os melhores líderes são os que fazem* turnarounds *marcantes*. É melhor pensar nas *rupturas construtivas*, criadas por líderes que pilotam as mudanças proativas. "Os melhores líderes são aqueles que comandam suas empresas para que não necessitem de *turnarounds* dramáticos", escreve Souza. Isso pressupõe estar atento ao que acontece dentro e fora da empresa, interagindo (comunicando-se) com todos os principais sujeitos, ou *stakeholders*, desses ambientes.

Haveria algum exemplo de ideias mortas ou que se mostram muito aquém das respostas a serem dadas pelas empresas diante das transformações por que passam as empresas, no que se refere à comunicação? Uma resposta seria o modelo clássico do fluxo de comunicação de Warren Weaver e Claude Shann: o de emissor-receptor.

Por meio dele, entende-se que o primeiro ator da relação é quem seleciona ou codifica as informações que irão compor uma mensagem, que será enviada por um canal para um receptor que, por sua vez, irá decodificar e interpretar a mensagem original. Este pode ainda responder ou não com uma ação, o que é chamado *feedback*. No entanto, essa visão é compartimentalizada, não aborda a complexidade do processo comunicacional. Quem é receptor também é emissor...

Ou seja, o modelo emissor-receptor tende a estar superado, apesar de ser bem didático. Marcado pela unidirecionalidade, ele não se coaduna com o conceito de interação, diálogo e sobretudo, com o princípio recursivo. Como diz Edgar Morin, interagir é mais do que enviar e responder mensagens; "é entender emissão e recepção como espaços recursivos, já que emissor e receptor passam a fazer parte de um processo de relações interligadas por fios dialógicos".

Esses conceitos e ideias mortas são pontas de um grande *iceberg* e mostram a obsolescência do *management* tradicional, para César Souza. No entanto, ele lista mais alguns sinais de que a mudança no modo de se pensar e fazer gestão deve acontecer, antes que o mar corporativo fique cheio de *Titanics* empresariais: clientes insatisfeitos e com suas expectativas frustradas devido à baixa qualidade do atendimento que recebem; pessoas infelizes por não conseguirem desenvolver seu potencial nas empresas e pela falta de significado no dia a dia de trabalho na sua vida; comunidades que não aceitam mais o impacto das empresas no seu ambiente – entre outros.

Essas e outras situações têm um denominador comum: as práticas de gestão antigas. O autor não desmerece, no entanto, as inúmeras conquistas e benefícios que esses princípios ajudaram a produzir. Até este ponto do caminho, lembrando a imagem do carro, olhando pelo retrovisor, é possível fazer um bom balanço. É preciso agora olhar para a frente e entender o que é a empresa do século 21, a *neoempresa*.

Antes de abordar o perfil da *neoempresa*, convém apontar que nas organizações ainda dominadas pelas ideias mortas paira um clima de silêncio e o resultado disso não poderia ser mais drástico: a perda de informações importantes para melhor entender os clientes e a perda da possibilidade de criar ou gerar conhecimento.

Fragmentadas e compartimentalizadas, essas empresas presas ao passado apresentam um certo desprezo pelas interações e interdependências entre suas áreas e pessoas. Sob a visão de uma comunicação eficiente, é impossível imaginar uma companhia com feudos, onde cada área parece estar presa a uma das torres de seu castelo sem se comunicar com as demais.

Mas essa visão compartimentalizada também não impera fora do mundo corporativo? Pelo princípio hologramático, esse comportamento também não deveria se repetir dentro da organização? Teríamos também de lutar com mais força para transformar a sociedade a partir da mudança das empresas e/ou mudar a sociedade para mudar as organizações? Sobre esse aspecto, vale lembrar mais uma vez Morin. Em uma conferência realizada durante o Seminário Internacional de Comunicação, na Pontifícia Universidade Católica do Rio Grande do Sul (PUC-RS), em 2002, ele falou sobre a necessidade de sermos mais tolerantes com as ideias, comportamentos, sentimentos, crenças e padrões diferentes...

Ao trazer essa noção para o mundo corporativo, é possível imaginar que a diversidade da qual Morin trata poderá ser efetivamente realizada, e respeitada, pela comunicação. E a empresa será um ambiente bem melhor. Seria essa a *neoempresa*?

Onde a boa comunicação tem vez

A *neoempresa*, nas palavras de César Souza, é uma entidade multicentrada, que gravita em torno de clientes, pessoas, acionistas, parceiros, investidores, comunidades e demais partes interessadas. Dentre as diversas características que a diferenciam das organizações tradicionais, o autor destaca que ela é integrada e não fragmentada (e por isso apresenta uma cultura integradora); customiza a gestão de pessoas, respeitando a individualidade de cada um; valoriza o intangível, como a confiança; e coloca a tecnologia a serviço do homem, não o contrário.

Essas características se fazem presentes nas empresas que adotam uma atitude e visão mais próximas de como deve ser a comunicação diante dos novos desafios do mundo do trabalho. Pensar portanto nessa nova organização, é pensar no ambiente propício para os processos comunicacionais. É também pensar em um novo perfil de liderança. Aliás, não temos líderes em quantidade e em qualidade para dar conta dos vários desafios que se impõem às empresas, conforme uma pesquisa realizada pelo Grupo Empreenda, da qual Souza é presidente.

Em agosto de 2014, ele ouviu 51 CEOs e 143 líderes de RH de todo o país para entender esse grande dilema das organizações que é enfrentar e planejar-se para os desafios do novo ciclo que se iniciava até 2018. O levantamento mostrou que 46% dos CEOs sentiam-se atormentados no processo de execução da estratégia. E, na esfera qualitativa do estudo, veio à tona que estratégias brilhantemente arquitetadas simplesmente não conseguiam sair do papel ou nem sempre funcionavam quando começavam a ser implementadas. A razão disso podia estar no fato de que 71% dos CEOs (e 62% dos executivos de RH) não acreditavam que suas organizações possuíam líderes suficientes, em quantidade e em qualidade, para garantir a execução da estratégia nos anos seguintes. Cabe destacar que essa percepção dos CEOs vinha crescendo ano a ano, visto que em 2009 equivalia a 63% das respostas deles. Esses índices revelam que muitas empresas ainda precisam inovar seus modelos mentais de gestão e liderança.

E qual seria o perfil do *neolíder*? De acordo com Souza, esse novo líder constrói causas com suas equipes, em vez de apenas oferecer meras tarefas (ele fornece significado); constrói pontes em vez de paredes, atuando como um integrador entre equipes. O *neolíder* é um comunicador. E o atual, o que é?

1.14. Quem Quer Ser Clark Kent?

A Liderança

Na introdução do livro *O Fim da Liderança*, Barbara Kellerman não hesita em afirmar que ganha a vida com esse tema, tendo escrito e organizado vários livros sobre o assunto. Ministrou aulas em cursos de graduação e pós-graduação por décadas e orientou ou mesmo fez parte de vários centros de estudos, institutos e associações, todos ligados ao tema. E por conhecer tão bem o assunto é que ela se sente à vontade para fazer algumas críticas.

Uma delas se refere ao fato de que, hoje, ser líder tornou-se um mantra. É, segundo a autora, um dos caminhos mais indicados para o sucesso financeiro, para a realização pessoal e profissional.

Ser líder transformou-se em uma espécie de panaceia corporativa, capaz de curar empresas de todos os portes e setores dos males da extrema competitividade que abala o mundo dos negócios, no que se refere à disputa pelos melhores resultados ou pela guerra acirrada em busca dos melhores talentos. Sim, uma boa liderança contribui para atrair e reter talentos. Ao menos, ajuda a não perdê-los.

Não é de estranhar assim que o tema liderança ganhe páginas e mais páginas de jornais, revistas, livros, além de espaços em *web*, televisões, rádio, palestras etc. É uma imensa indústria que se criou para levar um alento a quem deseja ser líder ou para a empresa que se ressente deles.

Norm Smallwood e David Ulrich, no livro *Sustentabilidade da liderança*, dão uma mostra do tamanho desse mercado: de acordo com um relatório da Training Magazine, estimava-se que o volume de recursos gastos com treinamentos, nos Estados Unidos, em 2013, variava de 60 bilhões a 80 bilhões de dólares anuais. Isso equivalia ao desempenho de uma empresa que estaria entre a 25ª e a 41ª posições na lista da *Fortune 500* (Procter & Gamble e Dell, respectivamente), na época.

Apesar de os investimentos (e as atenções das organizações) serem altos, o retorno desse investimento nem sempre é o esperado – tanto que as empresas se ressentem da carência de líderes. Mas isso não significa que o mundo está perdido, que os líderes nada valem (alguns, de fato, talvez não) ou que não há ninguém bem intencionado nessa grande indústria formadora de líderes, incapaz de se preocupar em formar pessoal qualificado para ajudar as organizações a fazerem frente aos desafios de um mercado em transformação. O que é preciso é repensar a liderança em um cenário complexo e de mudanças constantes.

Para Barbara Kellerman, parte dos problemas está em suposições erradas. Por exemplo: alguns acreditam que a liderança pode ser ensinada, o que pode ser verdade ou não. Ainda sobre a possibilidade de a liderança ser aprendida, outros defendem que esse processo pode ser rápido e fácil, atendendo a pessoas diferentes, simultaneamente e em situações diferentes. O que nem sempre pode dar certo.

Outro ponto que merece discussão é a relação entre líder e liderado, que vem sofrendo mudanças ao longo das últimas décadas. A balança do poder já não pende mais para o lado do líder: seus liderados ganham força. E a liderança, vale dizer, se constrói também a partir da relação com esse povo – o que lhes dá um papel importante. Parte desse contingente passou a questionar ou a desafiar mais suas lideranças. O acesso a milhares de informações na internet permite a alguns até discordar de um determinado diagnóstico de um médico, por exemplo, algo que em tempos passados era uma espécie de sacrilégio.

O uso comum do termo *líder* ganhou mais força para diferenciá-lo do gestor comum. O líder era uma figura fabulosa, capaz de resolver um grande problema da empresa em pouco tempo. Uma espécie de Clark Kent corporativo. Ou melhor, de Super Homem, pois ele vivia na pele do herói em todos os momentos. Os demais profissionais eram maçantes, meros coadjuvantes. Com essa visão, quem queria ser figurante? Todos passaram a desejar a serem líderes.

Barbara Kellerman conta que na virada deste século, nenhum curso, texto ou consultor de liderança ousaria ensinar como ser um líder sem fazer referência, ainda que apenas de modo comedido e oblíquo, ao seguidor, ao *coadjuvante*. Mas essa referência ainda é pequena.

Por ser o resultado da interação de uma equipe, entre líderes e liderados, podemos entender que a liderança só existe por meio da comunicação. É dessa interação que serão construídos novos significados, novos sentidos. Não há como fugir dessa realidade: gestão é comunicação.

1.15. É o Lobo! É o Lobo!

Por Que o Homem Vive em Grupos – e Com Líderes

Para o filósofo inglês Thomas Hobbes, o ser humano decidiu criar a sociedade para poder viver com mais segurança. A partir da visão do homem em seu estado natural, um estágio anterior (e hipotético) ao da sociedade, Hobbes chega à conclusão de que o homem é o lobo do homem, graças aos direitos naturais com os quais nasceu – ou foi criado. Em outras palavras: por ter direito a tudo o que existia na face da Terra, uma pessoa poderia (teria todo o direito), nesse estado de natureza, querer e possuir o que era do outro, sendo permitido tomar dele, usando até meios violentos. Não é difícil compreender por que esse estado natural é marcado por um clima de guerra e insegurança.

Para resolver essa questão, Hobbes percebe a necessidade de uma pessoa com grande poder, capaz de assombrar os demais, colocando-os sob seu domínio. Nada ilustrava melhor essa figura do que o monstro bíblico Leviatã, por sinal o nome da principal obra do filósofo. Nela, ele explica que cada pessoa cede seus direitos para o soberano (ou Leviatã) por meio de um contrato, em que se compromete a obedecer às leis e ordens por ele criadas. Com todos os direitos e um poder enorme, é de se pensar que o tal soberano se transforme em uma espécie de tirano. Tal imagem é plausível, mas Hobbes tenta colocar panos quentes ao afirmar que, por ser orgulhoso (uma das paixões mais fortes do homem), o soberano tenderá a fazer um bom governo para sempre ser lembrado como *o melhor rei* pelos súditos (uma questão de *marketing* pessoal, nos dias de hoje).

O filósofo genebrino Jean-Jacques Rousseau também acreditava que tenhamos optado por um contrato social em busca de uma convivência mais pacífica. Na obra *Discurso sobre a origem e a desigualdade entre os homens* (mais conhecido como *Segundo discurso*), ele explica que, no estado de natureza, o homem vivia feliz e solidário – era o bom selvagem em estado puro. No entanto, no momento em que alguém delimitou uma área, cercou-a e disse "Isto é meu" é que as coisas começaram a degringolar. Esse foi, para Rousseau, o marco das disputas entre os homens, que passaram a guiarem-se mais pelas paixões do que pela razão. A solução para isso estava em um contrato, no qual cada um se submetia a uma vontade geral de como organizar a vida dali por diante.

Seja por sermos lobos de homens e/ou bons selvagens arrependidos, vivemos em grupos para evitar, amenizar conflitos. Criamos e aprovamos, direta ou indiretamente, normas de conduta para uma convivência pacífica, sadia. Em alguns casos, essas normas nos são impostas e lutamos para mudar o cenário. Cedemos poder pelo bem comum e agora, mais do que nunca, cobramos o direito de exercer nosso poder no grupo do qual participamos. Elegemos formal ou informalmente hierarquias e, da mesma forma, líderes.

Os contratos entre líderes e liderados baseavam-se, antigamente, em fontes tradicionais como poder (exercido por meio da força ou advindo de uma divindade), hereditariedade e carisma (atributo pessoal do líder em atrair e cativar seguidores). Nos dias de hoje, essas bases já não se apresentam mais como as únicas garantias de sobrevivência desses contratos e do próprio líder. Na verdade, muitos desses pressupostos são bem contestados.

Em muitas empresas familiares, por exemplo, a hereditariedade vem sendo substituída por uma gestão mais profissional, com a presença de executivos de fora da família ocupando postos-chave na administração. Nos casos em que um herdeiro se mantém no comando, percebe-se um esforço para que ele se desenvolva profissionalmente e seja reconhecido e respeitado por suas competências e não apenas por seu sobrenome. É o mérito entrando em cena.

Ter um gestor truculento, que se mantém pela coação física ou psicológica é, para as empresas, um elevado risco de perder talentos e de ganhar processos – quer dizer, de perder em muitos processos por assédio moral. Além disso, lembrando mais uma vez Rousseau, dizia ele em *O contrato social* que a força não faz o direito – ou seja, a força física e coercitiva apenas mantém o direito de liderar enquanto existem; caso perca potência ou seja suplantada por outra força (que não necessariamente pode ser agressiva e coercitiva), perde o direito.

Sem esses aspectos que antes garantiam seguidores para um líder, o que, nos dias de hoje, nos faz seguirmos um? Barbara Kellerman responde de forma simples e objetiva: seguimos um líder por que temos (ou pensamos que temos) de seguir ou seguimos porque queremos.

No ambiente de trabalho, há quem siga os líderes porque têm de fazer isso para garantir o emprego, é uma questão de sobrevivência. No entanto, como diz a autora, optamos por seguir alguém quando temos vontade e quando há um alinhamento entre o que almejamos e valorizamos e os sentimentos e propostas do líder. E como se dá esse alinhamento? Via comunicação!

Seguimos um líder também porque ele sabe dialogar e compreende a importância disso e de sua influência (dele, líder). Isso nos ajuda a compreender o sucesso tanto dos que sabem manipular a comunicação, fazendo com que pensemos que nossos valores e propósitos se alinham aos deles, quanto os que possuem um propósito mais nobre. A escolha é sempre nossa, dependendo de nossos referenciais no momento.

1.16. Sucesso a Qualquer Preço?

A Ação Comunicativa e a Estratégica

Muitas foram as teorias que procuraram definir a liderança ou, ao menos, identificar que características ou comportamentos devem (ou deviam) ter os líderes. Viviane Mansi, no trabalho *Comunicação, diálogo e compreensão nas organizações – narrativas de liderança*, faz um relato das mais representativas e nos ajuda a perceber como há um grau crescente de complexidade:

1. Teoria dos Traços: até a década de 1940, acreditava-se que fatores físicos (como altura), habilidades específicas inatas (como inteligência) ou traços de personalidade (como carisma, autoconfiança) bastavam para definir um líder. Dessa forma, era fácil imaginar alguém como um líder com expressão de *senhor de si mesmo* ou de extrema bondade, muito perspicaz e alto, forte e de olhos claros – como a versão europeia/ caucasiana de Jesus Cristo, contestada por alguns. Mas como então justificar o sucesso de Napoleão, caricaturado como *baixinho*? Essa teoria joga para escanteio a possibilidade de desenvolvimento da liderança por se basear em fatores que, de certa forma, nascem com a

pessoa. Ou seja, há uma espécie de síndrome de Gabriela: eu nasci líder, cresci líder e serei assim. Esse líder não depende dos liderados para ser líder. A equipe ganha seu destaque mais adiante.

2. Teoria dos Estilos: predominante entre as décadas de 1940 e 1960, destacava o comportamento dos líderes frente aos traços de sua personalidade. Essa teoria dava grande valor aos líderes formais.
3. Liderança Situacional: aparece na década de 1970 e considera a liderança a partir de situações/ contextos que não apareciam nas teorias anteriores. Assim, a atitude do líder varia em função de fatores como, por exemplo, a equipe com a qual lida.
4. Liderança como Ação Simbólica: entende a liderança como um processo, já em ressonância com os estudos organizacionais.
5. Liderança Transformacional: aqui, há uma visão transcendente do papel do líder. Como veremos a seguir.

Diante do atual cenário turbulento por que passam as empresas, a liderança transformacional é a que mais se enquadra nos tempos atuais. Trata-se de um tipo de influência que permite que os liderados exerçam um desempenho organizacional além da expectativa. De acordo com Fábio Vizeu, no artigo *A liderança transformacional: reciprocidade pela ação comunicativa*, ela também se caracteriza pelo potencial do tipo de influência que o líder pode exercer sobre os demais, e é transformadora porque ajuda os liderados a se emanciparem, a se transformarem.

Antes de tratar mais desse líder, faz-se necessária uma breve abordagem sobre duas ações: a comunicativa e a estratégica. É a partir da primeira que se tem uma compreensão melhor da liderança transformacional. Em linhas gerais, a ação estratégica é orientada ao êxito, e a ação comunicativa é orientada ao entendimento intersubjetivo.

No texto, Fábio Vizeu trata da Teoria da Ação Comunicativa, na qual a comunicação é a base do processo de significação do real e de articulação social, e pela qual elaboramos nosso entendimento sobre a realidade com quem nos relacionamos, seja dentro ou fora de uma organização.

Para apreender essa realidade, usamos nossa competência linguística em três dimensões: objetiva, pelo qual percebemos o mundo dos fatos; subjetiva, que leva em conta nossos filtros, como cultura; e normativa, relativa aos códigos de conduta e comportamento sociais. Dessa forma, no processo de interação, a ação comunicativa precisa ser racional, ou seja, deve fazer sentido para os interlocutores, nessas três esferas ontológicas (subjetiva, objetiva e normativa).

A interação por meio da ação comunicativa pressupõe que os argumentos apresentados devem ser verdadeiros para os interlocutores. Estes devem ainda ter clareza sobre a validade subjetiva e moral do conteúdo (se os argumentos são sinceros e não manipuladores e se estão em conformidade com as regras e códigos de valores da sociedade ou grupo do qual fazem parte) e sua inteligibilidade. O problema é que esse tipo de interação ainda não é a predominante. Ou seja, em muitos casos, os argumentos não são sinceros e estão desalinhados com os valores do grupo em que uma pessoa se encontra. Isso pode acontecer quando um sujeito tem um determinado interesse ou objetivo pessoal em mente, quando ele busca apenas ter um êxito pessoal.

Esse comportamento não representa a ação comunicativa, mas a ação estratégica, pois está voltada para a busca de um objetivo ou interesse pessoal apenas. Aqui, o líder usa suas competências para ajudar seus seguidores nesse processo, sem se importar com os demais ou com a própria empresa. A imagem de troca de favores vem bem a calhar nesse caso e a liderança presente nesse processo recebe o nome de transacional – de forma bem apropriada. Para fugir desse modelo de ação e criar uma comunicação plena e verdadeira (ação comunicativa) entra em cena a interação face a face, limpa e sincera. O que ele comunica é verdadeiro, não manipulador e está alinhado aos valores do grupo.

A partir desse ponto é possível fazer a ponte entre a Teoria da Ação Comunicativa e o líder transformacional. É esse líder que vai atuar como um promotor de espaços de fala livres de distorção comunicativa. Para isso, dois fatores são essenciais: o desenvolvimento da reflexividade dos liderados e a conduta fortemente determinada pela moral.

O líder transformacional vai respeitar e incentivar o questionamento de seus seguidores acerca dos valores, crenças e expectativas tanto da empresa, quanto dele próprio e das demais pessoas. É por meio dessa postura aberta ao diálogo e ao diferente que se constrói (e reconstrói, quando alterados) valores, missão e outros significados.

Da mesma maneira que o líder transacional, o transformacional também usa sua influência, mas neste caso para promover a liberdade de expressão, o reconhecimento do outro e os valores existenciais compartilhados pelo grupo por meio de um ideal comum. Isso contribui para que os membros do grupo assumam uma postura reflexiva. Mas vale reforçar que isso só ocorre em um espaço em que a fala é livre.

A grande questão ou desafio para as organizações é o estabelecimento dessa liderança nas empresas e a criação dos espaços livres de fala em um mundo onde parecem predominar a ação estratégica e a liderança transacional, onde a competição interna é estimulada como um *salve-se quem puder* ou *farinha pouca, meu pirão primeiro* e não como colaboração.

Aqui volta uma questão: até que ponto os programas de formação e desenvolvimento de lideranças tratam bem a competência comunicacional dos líderes?

1.17. O Corpo Pede Corpo

A Mídia Primária, a Secundária e a Terciária

Pensar em comunicação de liderança é resgatar o conceito de mídia primária de Harry Pross. O que vem a ser isso?

Norval Baitello Jr., no artigo *O tempo lento e o espaço nulo: mídia primária, secundária e terciária*, explica que a mídia primária é aquela que exige a presença, no mesmo espaço físico e de tempo, de um emissor e de um receptor. Falando em uma época em que o termo educação a distância já é bem conhecido, a mídia primária é a aula presencial, é a comunicação do tempo presente, do momento em que ela acontece.

Ela é, em outras palavras, o próprio ser humano. Pross descreve algumas infinitas e ricas possibilidades dessa mídia: a expressividade do olhar, o franzir da testa, a postura da cabeça, os movimentos dos ombros, o modo de andar, a postura corporal, o movimento das mãos, os sons articulados e inarticulados etc. Cabe então imaginar que o líder é a mídia primária da comunicação com empregados. Ou deveria ser. O corpo pede corpo e toda comunicação humana começa na mídia primária.

Ao mesmo tempo em que cresce a atenção das empresas para o processo de desenvolvimento e formação de lideranças, há de se reforçar o desenvolvimento da habilidade de comunicação do líder, bem como é preciso dar uma atenção especial à comunicação feita por ele, pois ela se apresenta como a mais eficaz e mais barata.

Pelo fato de ser imediata e direta, a mídia primária tem maior receptividade e porosidade às intenções comunicativas. E "seremos sempre mais facilmente capturados pela magia da presença", como diz Baitello Jr., no artigo. Aqui temos o eco com Cyro Marcondes Filho, para quem a comunicação é um encontro mágico entre duas intencionalidades.

Traje a rigor

Além da mídia primária, Harry Pross trata de mais duas: a secundária e a terciária. A secundária é constituída pelos meios de comunicação que levam a mensagem ao receptor. Nela, não é necessária a presença de algum aparato para captar e reproduzir a mensagem. Esta (a mensagem) está em um aparato – e é dele que o emissor vai precisar. Como exemplos temos os livros, revistas, gravuras, fotografias. Em relação à mídia primária, na qual quem fala e quem ouve devem estar no mesmo espaço e ao mesmo tempo, na secundária isso já não é necessário. Começa a ser criada a possibilidade de um distanciamento entre esses atores. Entre outros exemplos de mídia secundária estão as máscaras, pinturas e adereços corporais, roupas e uniformes, brasões e logotipos.

Esses artefatos podem ser encarados como prolongamentos do emissor, seja em termos de espaço (como aumentar sua presença em vários e mais distantes lugares por meio da distribuição de uma revista impressa, por exemplo) ou de tempo (a revista pode ser lida no mesmo dia em que é recebida ou dias depois).

Vale refletir a mídia secundária, no ambiente organizacional, como ferramenta de comando e controle. Por meio desses instrumentos, quem detém o poder consegue aumentar seu alcance, seu impacto e sua autoridade sobre os demais. Um memorando mostra quem manda (quem assina) e quem obedece (o destinatário). Uma inferência curiosa ou, no mínimo inusitada, nos leva a entender ou a comparar esse prolongamento do emissor às táticas de alguns animais quando se veem diante de algum perigo: eles assumem uma postura física na qual pareçam maiores do que quem os ameaça. Como o homem não tem condições físicas para isso, usa essas ferramentas para *mostrar suas garras* e manter os demais sob seu domínio.

Já longe do perigo, alguns objetos transmitem e reforçam essa distância entre *diretoria* e *chão de fábrica*: cadeiras simples *versus* poltronas confortáveis, salas amplas e privativas *versus* baias, uniforme *versus* terno e gravata...

No que se refere aos uniformes, podemos perceber algumas mudanças. Depois do celebrado *casual day*, sempre às sextas-feiras, algumas empresas já estão adotando o *casual every day* – embora muitas ainda mantenham códigos para evitar excessos ou carências de vestimentas. É a mensagem do ambiente descontraído. Em outros casos, percebe-se a utilização de dois tipos de uniforme: o macacão para uns e o terno e gravata para outros.

Outras organizações, sob o discurso de maior integração e colaboração, de um lado, e a redução de custos (em mobiliário e aluguel de espaço) de outro, têm oferecido áreas comuns para serem divididas por seus funcionários. Seja um diretor ou analista, cada um desses profissionais não possui mais mesas, mas balcões nos quais divide espaços com outras pessoas. A comunicação é *igualdade* – e *redução de custos*, não necessariamente nessa ordem.

Já a mídia terciária se constitui da comunicação que não pode ser realizada sem a presença de um aparato tanto por quem emite a mensagem quanto por quem vai recebê-la (por exemplo, um *smartphone*, um tablet, um aparelho de TV). Fica claro, com isso, que ela é impactada pela eletricidade, pela tecnologia.

É importante destacar que uma mídia não anula outra, elas podem se complementar em um ambiente ecologicamente saudável, para aludir ao conceito de ecologia da comunicação. No entanto, Norval Baitello Jr. questiona as consequências da hipertrofia da mídia terciária em detrimento da mídia primária. Levando para o ambiente organizacional, seria pensar quais são as consequências da grande importância dada às plataformas digitais e eletrônica, em detrimento da comunicação face a face. Extrapolando um pouco, seria a maior atenção ao instrumental e o descaso com a comunicação interpessoal.

Como veremos mais adiante, a partir das ideias de Vilém Flusser, temos que a mídia terciária é a da nulodimensão, onde as noções de espaço e tempo mudam em relação à mídia primária. Vive-se, nessa nova dimensão, na instantaneidade das imagens, dos textos, dos códigos binários que fazem evaporar a materialidade do humano, transportando-a pelas ondas de redes *wi-fi* espalhadas em casas, *shopping centers*, empresas e outros lugares.

A nova percepção de tempo, ou de sua ausência, nesse novo cenário muito dominado pela tecnologia, elimina o chamado tempo lento da escrita e da leitura, ambas da mídia secundária, fundamental para cifrar e decifrar enigmas (ou mensagens). O tempo lento, explica Baitello Jr., é o tempo que permite a reflexão e a retrospecção, abrindo assim as portas para a escrita da história. E é esse tempo lento da escrita e da leitura que ajuda o homem a alongar sua percepção do tempo de vida.

Assim, continua o autor, aprender a ler (a informar-se sobre algo ou sobre si, a capacitar-se) demanda tempo de vida e de ócio. Já o mundo corporativo parece oferecer resistência em permitir que as pessoas tenham esse tempo, uma vez que vive a síndrome do curto-prazismo, ao mesmo tempo em que exige de seus profissionais uma formação melhor. Os relógios não batem.

Além disso, há outra questão em relação ao tempo lento da leitura: o grande volume de imagens e sons a que estamos sujeitos na comunicação nos dias de hoje. Os textos parecem cada vez mais curtos nos aplicativos de mensagens. É comum o uso de *tb* para também, *vlw* para valeu!, e tantas outras abreviações que agora dividem espaço com *emoticons* e *emojis*.

E a escolha pela oralidade e sobretudo pela predominância da imagem na mídia terciária tem sua comprovação no dia a dia da empresa. Exemplo? O hábito cada vez mais comum de pessoas, lado a lado no escritório, se comunicarem via *WhatsApp* ou *e-mail*. E qual o impacto disso na comunicação, em especial a da liderança?

1.18. Sem Ter Medo de se Abrir

A Comunicação na Sustentabilidade do Líder

Sabe-se que a liderança é um dos fatores críticos para o sucesso de uma empresa. Sabe-se, em linhas gerais, o que faz uma liderança eficaz, o porquê de liderar e o que liderar, mas como colocar isso em prática ainda é uma pedra no sapato de muitos gestores e líderes.

Pelo fato de muitos líderes não saberem como agir em algumas situações, que exigem determinados comportamentos que reforçam sua liderança, Norm Smallwood e David Ulrich desenvolveram sete disciplinas para ajudá-los fazer com que esse *como*, essa atitude, se efetive na prática, e que fazem parte do livro *Sustentabilidade da liderança*. Essas disciplinas visam identificar e promover uma mudança de comportamento que sustente o líder nessa transição. Para cada uma delas há um objetivo, dicas para melhor compreender as ações necessárias e exemplos de executivos que passaram por isso. As sete disciplinas geram, em inglês, o acrônimo: START ME (de *Simplicity, Time, Accountability, Resource, Tracking, Meliorate* e *Emotion*):

- Simplicidade: o líder deve manter o foco nas matérias mais críticas sobre o que está tentando melhorar e deve saber comunicar o que precisa ser feito, sobretudo o sentido dessa ação.

- Tempo: é preciso ter uma agenda que reflita os objetivos desejados. Tudo deve ser colocado no calendário (com prazos a serem cumpridos). Se a ação não está no calendário, trata-se de uma inspiração, não de uma ação.
- Prestação de contas: a quem ele deve prestar contas sobre seus avanços nesse processo de mudança?
- Recursos: é preciso fornecer recursos como cursos e *coaching* para sustentar a mudança do líder.
- Monitoramento e medição: os comportamentos e resultados têm de ser acompanhados e rastreados, para que os líderes saibam das consequências de seus atos.
- Melhoria: os líderes também cometem erros. E devem assumi-los publicamente e aprender a melhorar com eles.
- Emoção: o que nos motiva é a emoção. Para o líder não é diferente. A emoção faz nos apaixonarmos por aquilo que fazemos.

Assim, em uma empresa que deseja incrementar a inovação, o líder que se sente deficiente nesse quesito e quiser melhorar, poderá focar em pontos específicos que contribuam para isso. Por exemplo, ele pode passar a reunir-se periodicamente com líderes de outras empresas destacadamente reconhecidas como inovadoras. Depois, relatar para outras pessoas o que tem aprendido; tentar aplicar isso no seu cotidiano e avaliar os resultados.

Nem sempre esse processo de mudança é simples ou fácil. Demanda tempo e esforço, e a comunicação pode ajudar a mantê-la em curso e a se completar. Segundo os autores, isso acontece com mais facilidade quando as mudanças de comportamento pessoal do líder são inseridas nas comunicações formais e informais. Por meio delas, os líderes compartilhariam suas experiências pessoais nesses processos de mudança, mostrando ou dando sinais do que mais importa a eles, dos objetivos que estipularam e que os movem para a mudança; dos comportamentos e atitudes que passam a valorizar; do esforço que estão fazendo nesse processo de mudança pessoal.

Compartilhar esse tipo de informação, destacam os autores, exige um risco pessoal que vem da transparência. Um dos possíveis receios disso é o medo de o líder se sentir diminuído em relação aos demais em função da mudança a ser trabalhada, mais precisamente em função dos insucessos que apresentar nessa empreitada. Mas há, ao mesmo tempo, outro lado da moeda: ao *humanizar-se*, o líder reforça seu papel de exemplo junto aos demais.

Aliás, mais do que nunca, os líderes devem deixar de lado a imagem ou o desejo de serem super-heróis.

1.19. No País das Maravihas. Ou dos Negócios

O (Novo) Perfil do Profissional de Comunicação

O ritmo quase frenético das mudanças, aliado à competitividade, imprime uma maior velocidade em todos os processos organizacionais. E se por um lado essas mudanças podem trazer (e trazem) oportunidades, por outro não é difícil perceber que criam um elevado nível de estresse nas empresas, pois colocam uma espada na cabeça de todos, em busca de respostas cada vez mais rápidas e criativas.

Gestores, líderes e liderados se veem às voltas com uma série de perguntas, muitas vezes sem saber para aonde ir ou a quem recorrer – mas vão seguindo mesmo assim, aos erros e acertos. Ao longo da jornada, as organizações mais estruturadas – que têm uma visão mais avançada de gestão – vão encontrando um norte, enquanto outras, ainda reféns, consciente ou inconscientemente, de um modelo tradicional, acabam bancando uma espécie de Alice corporativa. Desorientadas, elas ouvem o Gato Cheshire ou Gato Que Ri dizer que, sem saber para onde se quer ir, qualquer caminho ou direção é válido. E não só de empresas vive esse personagem, muitos profissionais também encontram Chapeleiros Malucos por aí.

Por não viver em outro mundo, ou país das maravilhas (ao menos é o que se imagina), a área de comunicação se vê, nesse cenário, diante da necessidade de ser integrada e integradora, e não mais isolada e distante das demais áreas e sobretudo, de pessoas. Para tanto, o profissional de comunicação precisa adquirir novas competências, rever alguns paradigmas e mudar algumas atitudes e comportamentos. No nível pessoal, lembrando Rudimar Baldissera, para quem a comunicação é um processo de disputa e construção de significados (o que pressupõe diálogo, interação, reflexividade), esse profissional deve: saber tolerar (e incentivar) a diversidade e a alteridade (encarando como oportunidades valiosas de criação); entender o que é formal e informal; encarar os conflitos como possibilidades de criação de conhecimento e significado; e entender que a comunicação tem vários sentidos ou mãos.

A essa mudança pessoal, o autor acrescenta alguns afazeres. No entanto, antes de passar para essa nova lista, é preciso ficar claro que o profissional de comunicação não pode deixar de lado algumas competências de negócio/executivas, como: ter uma visão global e conhecer bem o negócio da empresa; ser proativo, saber administrar percepções e fazer a leitura de ambientes; saber ouvir e negociar; ter a capacidade de aprender e reaprender; saber lidar com ambiguidades; ter como princípio norteador o pensamento estratégico; ter capacidade de inovação; e, obviamente, saber planejar e administrar estrategicamente seu trabalho (a comunicação).

São características básicas para qualquer um que esteja no mundo corporativo e queira jogar o jogo. São competências que o profissional de comunicação não deve deixar de lado e que certamente irão contribuir para que ele consiga dar conta dos afazeres propostos por Baldissera: potencializar os lugares de escuta na empresa, onde possam ser fomentadas a diversidade e a alteridade, e promover o diálogo.

Por fim, vale ressaltar que o profissional de comunicação saiu do estágio de provedor de informação para uma posição mais abrangente. Ele deve ser capaz de construir reflexivamente o futuro da empresa, pois será ele quem vai catalisar, prover e disseminar conteúdo, criando novos ambientes internos, voltados para a interação e o diálogo. Bem vindo, novo comunicador, ao mundo. Antes que ele acabe!

1.20. É o Fim!

A Comunicação, a Liderança e a Catástrofe

Se para alguns vivemos uma era de transição, de mudanças que trazem oportunidades, para outros, como o filósofo tcheco-brasileiro Vilém Flusser, vivemos uma catástrofe. Mas calma: o mundo não vai acabar amanhã. Vai apenas mudar – mas isso nós já sabemos.

A primeira catástrofe Flusser chama de hominização. Nela, temos o homem ainda nômade, que vive atrás da caça e conhece e apreende o mundo ao seu redor por meio do contato direto. É um mundo tridimensional.

Com o passar do tempo e o aprimoramento de ferramentas para a agricultura (leia-se tecnologia – rudimentar, mas tecnologia), esse mesmo homem foi criando aldeias, cidades e nelas se fixou. Domesticou animais, deixou de correr atrás do alimento, tornou-se sedentário (eis uma praga antiga).

O mundo passou então a ser apreendido pelas imagens e pela escrita. O mundo real foi ficando mais distante. Essa foi a segunda catástrofe na visão de Flusser: a civilização. Nela, convivem um mundo tridimensional e sua representação bidimensional.

A terceira catástrofe está em curso e não tem nome, ao menos ainda. Nela, as casas tornam-se inabitáveis, segundo o filósofo, pois ficam repletas de furos por onde entram os ventos da informação. Esses furos são os aparatos tecnológicos, como rádios, aparelhos de televisão, computadores etc. Por meio deles entram imagens técnicas, transmitidas pela eletricidade, e por meio deles o homem se vê impelido a um novo nomadismo, de outro tipo, digital, tecnológico. O homem passa a viajar, sai de casa, aporta em inúmeros lugares, distantes ou não – sem sair do ambiente do lar. Transporta-se para outras épocas, vive outras vidas. Ele não está mais em casa, mas passa a estar onde os ventos da informação levarem-no. Nesse novo mundo, impera a nulodimensão com mais força, ao lado da tridimensionalidade e da bidimensionalidade.

Pelo princípio hologramático da complexidade, não há como desvincular a empresa desse novo mundo. Da caça à Era Industrial, marcadamente as duas primeiras catástrofes, as organizações assistem, ou melhor, vivenciam agora a Era do Conhecimento, onde ganham importância os algoritmos em detrimento do uso da força humana. E nessa transição do homem das cavernas para o atual está o que Flusser chama de Escalada da Abstração.

Menos uma, menos duas, menos três

Para início de conversa, abstrair, para Flusser, é o mesmo que subtrair. Assim, nessa escalada há a subtração de dimensões (veja diagrama ao final deste capítulo). Vamos por partes.

Em nosso mundo físico, encontramos corpos e objetos tridimensionais, dos quais temos conhecimento pelo toque e pela visão, que nos permitem ter uma dimensão de profundidade desse corpo ou objeto. Ao tocar no teclado de meu computador, consigo perceber algumas de suas qualidades e propriedades. Eu o vejo e reconheço porque ele está diante de mim, fisicamente, no instante em que digito essas palavras.

Na tridimensionalidade, tempo e espaço são únicos: para que essa comunicação seja possível, é preciso que o corpo ou o objeto estejam no mesmo espaço e no mesmo tempo com o interlocutor. Isso se refere à mídia primária de Harry Pross. Isso é a comunicação face a face do líder, uma mídia primária por excelência.

Quando o homem passou a reproduzir nas paredes das cavernas o que seriam cenas de seu cotidiano, introduziu uma nova dimensão da comunicação, subtraindo uma do mundo tridimensional. Ao desenhar um bisão, o homem tirou a dimensão de profundidade e inaugurou uma nova percepção do tempo. É possível apreciar a imagem a partir de uma determinada parte do animal, seguir para outra, retornar à primeira e depois, se quiser, passar para outra ou para outras, se for um grupo. E isso em um dia ou uma semana depois de o animal ser pintado na parede da caverna. Ou em outros termos: a partir de uma foto de meu computador, em papel, posso olhar primeiro para a tela, depois para o teclado, voltar para a tela, olhar as entradas USB. Não há uma ordenação nessa *leitura*.

Além disso, fica claro que para conhecer o objeto ou o corpo, na bidimensionalidade, não é preciso que ele e o observador estejam no mesmo espaço físico e ao mesmo tempo. Uma foto de um parente que nunca vi na vida permite que eu o conheça, saiba como é sua aparência, sem eu precisar estar na frente dele. E eu posso ver e rever a foto várias vezes, em vários momentos.

A subtração seguinte acontece quando surgem os ideogramas, os pedigramas e os alfabetos, que abrem ao homem o caminho para o universo da escrita e da decifração, a leitura.

Nesse momento, a representação do corpo ou do objeto, enfim do mundo, passa da imagem para a linha. Posso descrever meu computador ou um bisão ou como é meu parente que nunca conheci pessoalmente por meio de palavras, descrevo suas características, propriedades e aparências. Assim como na bidimensionalidade, a unodimensionalidade não exige que o corpo ou o objeto real esteja no mesmo espaço físico e no mesmo tempo que o observador. Mas por outro lado, essa nova dimensão elimina a possibilidade do tempo circular; isto é, agora, o tempo e leitura são lineares, têm um sentido, uma orientação. Em nosso caso, lemos em um determinado sentido (da esquerda para a direita ou vice-versa). Há um ordenamento que deve ser seguido para fazer sentido. E como diz Baitello Jr., no livro *A serpente, a maçã e o holograma: esboços para uma teoria da mídia*, "com a escrita, o mundo passa a ser discutível, o que abre os caminhos para o pensamento lógico, linear e conceitual. Abre o caminho para a ciência e a técnica que criam máquinas que podem dispensar a trabalhosa tarefa de aquisição e distribuição da escrita".

Essas duas dimensões nos remetem à mídia secundária de Pross, no qual a comunicação é feita por meio de um aparato de quem transmite a mensagem. São as revistas e jornais corporativos, mural, memorandos, circulares.

A criação da ciência por meio da escrita e da lógica é o prenúncio do passo seguinte, marcado pela revolução digital. Foi pelo desenvolvimento da tecnologia que o homem conseguiu representar o mundo tridimensional, as imagens bidimensionais e os textos unodimensionais em algo sem corporeidade, no que Flusser chama de nulodimensão. É o mundo sem dimensão, a terceira catástrofe.

Nessa dimensão sem dimensão, tudo não passa de códigos binários, equações, pixels. Assim, a imagem de um computador que vejo em um site de compras, por exemplo, não é o computador real, nem é a foto (impressa em papel) dele, é apenas uma imagem vazia de dimensão, fruto de uma série de algoritmos.

Como destaca Baitello Jr., esse universo das não-coisas e suas manifestações, como as marcas, os símbolos, os softwares, o chamado valor agregado, vai ocupando cada vez mais espaço em nossas vidas e nos desafia, procurando anular nossa própria existência. Quem sou, de fato? Sou quem escreve este texto ou o perfil deste que escreve o texto em uma rede social?

Aqui nos aproximamos da mídia terciária de Pross, na qual é preciso um aparato tecnológico por parte de quem transmite a informação e de quem a recebe. A nulodimensão é a era das tecnoimagens.

Assim como as mídias primária, secundária e terciária não se excluem, o mesmo acontece com as quatro dimensões de Flusser. O equilíbrio existente entre elas é a ecologia da comunicação.

Apenas para situar melhor: o termo *ecologia* foi aplicado à comunicação por Abraham Moles no 15º Congresso da *Association des Sociétés de Philosophie de Langue Française*, em 1975. Se o termo ecologia nos remete à ciência que trata do equilíbrio entre as diferentes espécies em um determinado ecossistema, em comunicação esse conceito versa sobre o equilíbrio entre as *espécies* de comunicação, em determinado tempo ou espaço social.

No livro *Ecologia de la Comunicación*, Vicente Romano, porém, constata que estamos diante de uma crise ecológica e propõe adaptar as tecnologias da informação já disponíveis "às condições e possibilidades da comunicação primária, do contato humano elementar", como diz José Eugenio Menezes, em *Ecologia da comunicação: uma metáfora para estudo dos fenômenos comunicacionais*.

De fato, há uma hipertrofia da mídia terciária/ nulodimensão em detrimento da mídia primária. Isso pode ser visto em muitas empresas, na atenção dada aos sites e intranets corporativos, deixando a comunicação da liderança, que é feita face a face, de lado. Esse desequilíbrio mostra que muitas organizações não são ecologicamente corretas em comunicação.

Boa impressão do digital

Não se quer, com isso, afirmar que as tecnologias digitais são um mal. Existem aspectos bons e outros não tão bons. Vai depender, como em muitas coisas na vida, de como usar. O mundo digital possibilita e facilita a formação de redes de relacionamento e a interação e/ou diálogo dos empregados. Essa interação, por ser feita entre desiguais, propicia algum poder de negociação para os mais fracos e potencializa de forma exponencial as redes virtuais de públicos.

Contudo, apesar do avanço das tecnologias, em especial as móveis, nada substitui o contato pessoal. Harry Pross já dizia que o corpo sempre pede corpo no processo de comunicação, em todas as mídias que descreve. Mas em um cenário de extremos, vale extrapolar essa ideia, reforçando que nada melhor do que uma comunicação corpo a corpo.

Por mais que as ferramentas tecnológicas permitam um ganho de tempo e dinheiro, por serem instantâneas, simultâneas e interativas e onipresentes, percebe-se a tendência em personalizar a comunicação e a humanizá-la.

É interessante notar, a partir dessa observação, o quanto a comunicação primária pode ajudar a da nulodimensão. A confiança gerada na primeira, pela interação entre as pessoas e com o líder, fortalece a imagem que os funcionários têm da empresa, que passam a comunicar para além das fronteiras, comentando os atributos que ela possui, o comportamento da liderança, a excelência dos produtos e serviços. Esses atributos vão compondo a imagem da empresa. E o que é essa imagem, a reputação, se não um conceito da nulodimensão?

Ao falar em mídias digitais, mais precisamente intranet, percebe-se que a crescente difusão das tecnologias de informação e comunicação vem introduzindo novos lugares de expressão e novas possibilidades de ação para os funcionários. Mas será que o meio digital permite uma mudança de comportamento?

Uma das preocupações a respeito desse avanço da tecnologia é o neoanalfabetismo civilizado, como se refere Norval Baitello Jr.. Em um mundo dominado pelas imagens, a leitura fica de lado. Nesse tempo de terceira catástrofe, a escrita elaborada perde espaço para a escrita neopictogramática ou neoideogramática, menos exigentes na sua aprendizagem e aptas a criar leitores com crescente simplicidade.

O autor denuncia a *estratégia do emburrecimento*, que concorre para o neoanalfabetismo civilizado e que, por se tratar de algo organizado com mídias secundárias, merece atenção em como a comunicação é feita nas empresas, onde os jornais, por exemplo, passam a dar mais destaque para aspectos iconográficos, de visualização rápida, no estilo *bateu os olhos* – enquanto os textos mais analíticos vão perdendo espaço.

Será que ao priorizar os veículos com essas características como principal canal de comunicação, as empresas não estariam contribuindo para o *emburrecimento* dos funcionários, minando a reflexividade e, em um processo um pouco mais demorado, a própria competitividade?

A evolução da tecnologia da informação e da comunicação traz mais uma questão que concerne às empresas, mais precisamente os líderes. Barbara Kellerman conta que essa evolução vem permitindo um compartilhamento rápido de informações e também de opiniões, em inúmeras redes sociais digitais. E esse conteúdo passa a ser de grande valor. Para as empresas que estão à procura de um profissional, por exemplo, uma boa pesquisa sobre o perfil do candidato pode trazer dados que auxiliem o responsável pelo processo de recrutamento e seleção na hora da entrevista. Assim, todo o cuidado é pouco na hora de postar uma foto ou um texto em uma dessas redes.

E o oposto também tende a acontecer: um candidato pode procurar informações e opiniões sobre a empresa nessas redes, dando mais crédito ao que seus amigos dizem e, na sequência, ao que os que trabalham nela confessam sobre a mesma (o que representa a ideia de organização comunicada). Vejamos o exemplo do site Love Mondays, que recebe comentários espontâneos de pessoas sobre as empresas em que atuam ou atuaram.

Há ainda outra pesquisa possível: sobre o perfil do líder. Alguns candidatos podem conferir com quem irão dividir seu tempo, esforço e competências no trabalho. Se o perfil do chefe imediato aparenta não ter competências que possam ajudar o candidato a se desenvolver, a aprender coisas novas, temos um problema. Quer dizer, a empresa tem um problema, que pode se agravar se o mesmo líder, em outra busca, for criticado abertamente por seus funcionários/subordinados.

A possibilidade de ter uma imagem negativa difundida para os quatro cantos do mundo e acessada por funcionários da empresa em que ele atua, pode fazer com que o líder fique enfraquecido. E é bom lembrar que a empresa não tem como controlar esse tipo de comunicação.

O enfraquecimento do líder pode prejudicar a relação dele com seus liderados, que passam a não encontrar mais naquela figura as razões para segui-lo. Se ele é tratado como incompetente ou truculento, onde está o mérito de sua ação? Por mais que as opiniões possam não refletir a realidade, na ausência de algo concreto, do fato, fica a versão. E nesses casos, a versão torna-se mais forte que os fatos.

E é nesse ponto, entre o fato e versão, que a comunicação interna deve atuar. O discurso do líder só fará sentido se ele for verdadeiro, se houver coerência entre o que faz e fala, dentro dos valores da empresa. Comunicação, assim, pode ser entendida como ética, como verdade.

Os líderes têm um papel importante sobre isso, e os profissionais de comunicação mais além, pois devem entender as implicações desse novo mundo, dessa nova catástrofe nas empresas. Caso contrário, será literalmente uma catástrofe.

Mas tudo passa, tudo passará

A escalada da abstração, as mídias e o que as representa.

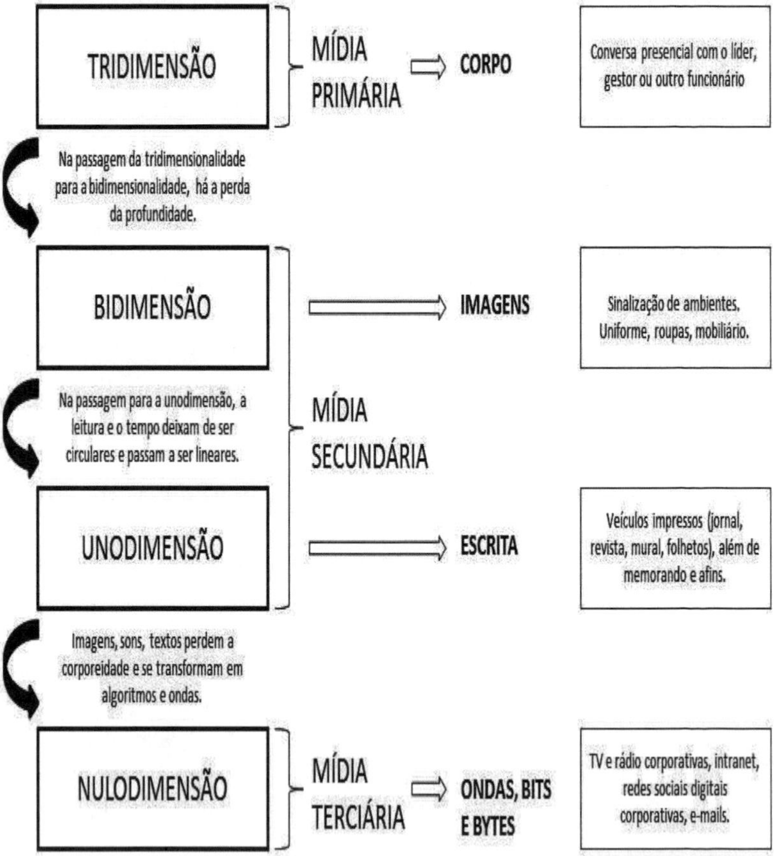

PARTE 2

Vale o Registro

A Comunicação Impressa

Como a comunicação interna é aplicada nas empresas a partir da análise do conteúdo editorial da revista MELHOR – Gestão de Pessoas.

2.1. Outro Dedo de Prosa

Introdução

Depois de um panorama teórico proporcionado por uma revisão bibliográfica que, propositadamente, tentou ser a mais abrangente possível, na expectativa de trazer o maior número de aspectos ligados à comunicação interna, era preciso ver como esse referencial se materializava no dia a dia das empresas.

Eram dois os caminhos possíveis. Um deles era identificar uma empresa com uma boa gestão de comunicação e partir para o campo das entrevistas e análises de resultados. O outro era olhar para o meu próprio trabalho como editor de uma revista focada em recursos humanos. Posso garantir que a escolha não poderia ser melhor. Quer dizer, foi *melhor* – lembrando: trabalho na redação da revista MELHOR – Gestão de Pessoas desde dezembro de 1999...

MELHOR é a revista oficial da Associação Brasileira de Recursos Humanos (ABRH-Brasil) e principal publicação do setor no país. Produzida e comercializada pela Editora Segmento, a cada ano são feitas 12 edições mensais e mais duas edições especiais (uma focada em saúde e outra em tecnologia). Das edições mensais, duas se destacam: a edição que circula durante o Congresso Nacional sobre Gestão de Pessoas (CONARH), segundo maior evento do setor no mundo, que é realizado em agosto, e a edição seguinte, na qual a revista apresenta as melhores práticas em gestão de pessoas das empresas consideradas as melhores para trabalhar pelo Great Place Institute (lista MELHOR/GPTW). São 23 categorias que representam algumas das principais práticas e dimensões em gestão de pessoas como remuneração, benefícios, credibilidade e... comunicação. Ou seja, a partir das 100 melhores empresas é realizado um novo corte que permite identificar as organizações com práticas de destaque.

Os caminhos que levam as pautas para a redação são muitos e variados. Vão desde os *e-mails* tradicionais com *releases*, quanto as ideias que surgem ou são enviadas por outras fontes ligadas ao mundo do trabalho, passando por fontes que chamo de oportunidades: uma leitura, uma participação em um evento, uma reunião, uma conversa de metrô... Tudo pode inspirar pauta. Assim como percebi que tudo em gestão de pessoas inspira comunicação.

A ideia original deste trabalho era avaliar como o tema comunicação interna era tratado em uma revista de gestão de pessoas. Sendo assim, minha expectativa era buscar apenas e tão somente pautas específicas sobre isso. Que não foram muitas entre janeiro de 2010 e dezembro de 2014, período estipulado para esse levantamento.

A luz amarela que se acendeu em minha mente (afinal, não era um conteúdo amplo) foi desligada em uma conversa com minha orientadora, que me acalmou dizendo que as informações e cortes surgiriam ao longo da pesquisa. Dito e feito.

Página por página, matéria por matéria, entrevista por entrevista, ao final de 60 edições da revista, tive uma grata surpresa: quanta coisa se falou sobre a comunicação das empresas com seus funcionários.

Lá estava ela, a comunicação, em outras pautas, surgindo naturalmente da boca dos profissionais de RH, fonte principal de nossas reportagens. A comunicação surgia em momentos cruciais para uma empresa, em especial no *como* alguns programas ou projetos eram implantados. Reforçava assim a noção de que comunicação e gestão, em especial a de pessoas, estão totalmente interligadas: gestão é comunicação.

O resultado dessa pesquisa está nas páginas a seguir.

Foram analisadas 38 matérias que envolviam desde processos de fusão e aquisição (F&A) até programas de sucessão, passando por formação de liderança. Para facilitar a compreensão desse conteúdo, optou-se por agrupá-los em oito capítulos:

- No segundo, estão os trechos nos quais estão destacados os motivos pelos quais a comunicação interna é importante e alguns de seus benefícios.
- A relação da comunicação, quando área independente em uma empresa, com os demais departamentos está refletida no terceiro capítulo.
- Como a comunicação se encaixa em processos como gestão de carreira, na disseminação de valores, missão e visão, no fomento e fortalecimento de práticas sustentáveis é assunto do quarto capítulo.
- O quinto capítulo traz a importância da comunicação em F&A, processos muito propícios ao surgimento de boatos. Neles, a comunicação também ganha destaque na integração de equipes antes concorrentes em uma nova cultura.
- O avanço das redes sociais digitais e sua utilização nos processos de comunicação são abordados no sexto capítulo.
- O sétimo capítulo mostra como a empresa pode manter integrados e bem informados seus funcionários que estão alocados em clientes ou expatriados.
- O papel da liderança, do líder, e sua importância na comunicação são mostrados no oitavo capítulo.
- O nono capítulo, como um desdobramento do anterior, apresenta situações nas quais o CEO ou presidente da empresa dão o exemplo e mostram o valor da comunicação, exercendo seu papel de comunicador.

Vale ressaltar que como a grande maioria das matérias não tinha o tema comunicação como foco, mas outros aspectos de gestão de capital humano, o aparecimento das práticas e opiniões sobre a comunicação e sua importância era pontual, servindo para destacar como um processo ou programa havia sido implementado em uma organização. Por essa razão, muitas vezes a menção aos processos comunicacionais é curta, podendo dar a impressão de um reducionismo do papel que ela ocupa na empresa.

Ainda sobre a possibilidade de existir uma visão reduzida do papel da comunicação, deve-se levar em conta, além do papel da fonte, o repórter. Este por sua vez pode, na montagem da matéria, reduzir a abordagem relativa ao papel da comunicação na empresa. É uma decisão pessoal. E o editor nem sempre tem acesso a todas as informações levantadas.

Porém, nos capítulos a seguir foram mantidas as informações publicadas. Não houve acréscimo de dados para contextualizar uma ou outra empresa. Apenas foram cortados os nomes dos entrevistados nas reportagens, pois é mais interessante saber o milagre do que o santo neste caso. Os textos estão baseados no que foi divulgado pela revista MELHOR e foram editados propositadamente em formato de matéria para mostrar a possiblidade de comunicação entre academia, mercado e jornalismo. Um relacionamento possível!

A partir dessa compilação, será possível reconhecer alguns dos conceitos expostos na parte inicial.

Assim, podemos perceber a disputa e construção de significados na difícil tarefa de formar uma nova empresa e uma nova cultura organizacional, em um processo de fusão e aquisição. Ou as vantagens do uso dos canais digitais para uma organização se comunicar com os funcionários espalhados pelo país e pelo mundo, alocados em clientes, por exemplo. Ou com funcionários não tão longe, mas na mesma cidade, em esquema de *home office*. Bem como é possível entender porque o corpo pede corpo na comunicação, extrapolando o que disse Harry Pross, ao ver que muitas empresas mesclam o virtual com o presencial, sabendo o valor da comunicação face a face.

E por meio das redes digitais e ainda pensando em quem fica longe da empresa, entendemos por que a comunicação se dá no âmbito organizacional, como defende Baldissera, e não apenas entre os muros da companhia – o que propicia um questionamento da palavra *interna*. Até porque algumas companhias não têm sequer instalação física própria, vivem na nulodimensão flusseriana. Aliás, cada vez mais os empregos serão nulodimensionais.

É possível também entender como a liderança é importante na comunicação, atuando em várias frentes da gestão para garantir uma total compreensão por parte dos funcionários sobre o que a empresa quer transmitir. Ao mesmo tempo em que se percebe que o alinhamento entre discurso e atitude do líder e da empresa tem de ser verdadeiro para que ambos não caiam em descrédito e causem alguma crise.

E para finalizar, é possível perceber a necessidade do trabalho conjunto entre RH e comunicação, quando é independente da outra, em várias situações, inclusive na prevenção e gerenciamento de crises. Afinal, o ser humano é um risco. Gerir pessoas é um risco. Comunicação é um risco. Um risco que sempre vale a pena correr.

2.2. Vale o Escrito. E o Falado e o Digital Também

Por que é Importante Investir na Comunicação

Antes de ser editor da revista MELHOR, pude trabalhar em agência e assessoria de imprensa. No final dos anos 1990, pré-internet, uma das maiores preocupações de nosso trabalho era aumentar a visibilidade do cliente, se possível, e em especial nos principais veículos de comunicação. Não se pode dizer que muita coisa tenha mudado de lá para cá; o impacto de estampar (positivamente) a capa de um grande jornal ou revista, a chamada grande mídia, por exemplo, é sempre positivo tanto para quem *vende* a imagem da empresa quanto para a própria companhia.

A partir desse desejo de muitas empresas, a matéria *Falar, ouvir e entender*, de setembro de 2012, buscava dar um passo atrás para entender a melhor maneira de lustrar e destacar a imagem de uma organização. Assim, questionava: que tal olhar primeiro para as pessoas que trabalham na empresa?

São eles, afirmava uma pesquisadora em comunicação empresarial, que falam todos os dias da companhia e que a representam. E se eles conhecem a cultura da organização, acabam se envolvendo com ela e passam isso para o cliente de forma natural. Por essa razão, comunicar-se bem com eles é importante. E não apenas por esse motivo.

Na opinião do então diretor da prática global de comunicação da Buck Consultants, também presente na reportagem, a comunicação assumia um papel estratégico por atuar como uma "cola que ajuda a conectar as diversas iniciativas de negócios". Já o então diretor-presidente da Jungle Gym Brazil, empresa de estúdios de treinamento funcional, afirmava:

> "Uma grande vantagem de uma comunicação interna eficiente é a contribuição que cada colaborador pode trazer. Ele pode aprimorar processos, atendimentos e, sem sombra de dúvida, otimizar custos e aumentar os lucros", avalia (...). "O problema é que falar dessas coisas é bonito; entretanto, a maioria dos empresários brasileiros não sabe sequer o significado da palavra *endomarketing*, e não investe em pesquisas para saber o que os seus colaboradores pensam do lugar em que trabalham. Para esse tipo de empresário, o importante é a estratégia para fora da empresa e nunca para dentro", desabafa.

Como é possível perceber, temos um exemplo da confusão entre os conceitos de *endomarketing* e de comunicação. Apesar disso, esse executivo ao menos deixou claro que, em muitas empresas, ainda era preciso entender melhor as implicações e importância da comunicação interna.

Uma das melhores imagens sobre a importância da comunicação interna foi dita pelo então diretor da Federación Iberoamericana de Comunicación Interna e presidente da Asociación Argentina de Comunicación Interna, na entrevista *Desapegados do ego*, de maio de 2014. Para ele, a comunicação interna é o DNA de uma empresa organizada:

> "Se não houver nenhuma comunicação, não há nenhuma atividade organizada, simples assim. E isso não é uma *teoria*, é uma realidade que pode ser comprovada empirica e imediatamente. Se eu paro a comunicação, paro a ação. Gosto de usar a história da Torre de Babel para visualizar esse conceito. Nessa história, Deus queria parar um empreendimento organizado pelos homens, que era a construção da torre. Ele poderia ter feito isso de mil maneiras:

> matando as pessoas; fazendo desaparecer as pedras [*usadas na construção*]; tirando da mente dos trabalhadores o conhecimento sobre a construção etc. No entanto, o método mais eficaz escolhido foi mudar o idioma das pessoas, impedindo-as de continuar se comunicando. Quando a comunicação desaparece, os recursos restantes não podem ser explorados. Você pode ter as pedras, as ferramentas, as pessoas e o conhecimento, mas se não houver comunicação, você não consegue chegar ao céu. Por isso, comunicação interna é essencial, é o DNA da atividade organizada."

A comunicação interna ganhava uma grande importância na Caterpillar do Brasil, filial da multinacional fabricante de máquinas e veículos operacionais, como escavadeiras, carregadeiras, motoniveladoras e tratores de esteiras, entre outros. Tanto que era tratada com um pilar estratégico na organização. Em 2012, 97% dos funcionários declararam entender bem as estratégias da companhia. Isso contribuiu, e muito, para que a empresa fosse destaque em 2013 na prática *Comunicação* da lista MELHOR/GPTW. A companhia possuía diversas ações e canais, como mostrava a matéria *Conversar para crescer*, de outubro daquele ano.

> A revista bimestral *Em Ação* já tem mais de 50 anos de circulação, retratando programas da empresa e novidades do mercado. A administração também mantém canais de contato, por meio do boletim eletrônico *Mensagem do Presidente*, do *Blog do Presidente* e do vídeo-jornal *Momento Caterpillar*, com 20 minutos de duração, que divulga periodicamente a cultura e as estratégias da companhia.

Paralelamente a esses canais, os gestores mantinham-se

> (...) em contato com as suas equipes por meio do boletim semanal *Algo Mais*, que conta com a participação de mais de 300 líderes, no qual são divulgadas informações específicas de cada área em primeira mão, sem atropelo da diretoria, o que reforça a relação de confiança entre chefes e subordinados. Finalista do prêmio Aberje 2010, o projeto *Bola da Vez* segue o caminho inverso, com vídeos elaborados e apresentados pelos funcionários da ponta operacional.

Na Procter & Gamble (P&G) Brasil, a comunicação interna era vista como uma importante estratégia para aproximar o funcionário do negócio da empresa, de forma a engajá-lo, enxergando a companhia como sua. Isso era essencial para a produtividade desse funcionário, segundo a então gerente de comunicação corporativa da organização, na matéria *Ainda o que prevalece é o olho no olho*, de maio de 2014. E a presença da liderança nesse processo não ficava em segundo plano.

> Entre as diversas ações de comunicação da P&G, uma das que mais chamam a atenção é a reunião trimestral chamada *Sessão de Comunicação*, que acontece em todas as fábricas e no escritório central. Nessa reunião, o presidente ou diretor da unidade apresenta os resultados do trimestre que passou, os planos e estratégias para o trimestre seguinte e responde perguntas. "É feito o reconhecimento de funcionários com contribuições especiais ou excepcionais com o objetivo de motivar e engajar todo o restante. Acreditamos na comunicação de forma horizontal", observa.

Experiência semelhante era a da Masisa Brasil, com o projeto *Mais Interação*, encontro presencial no qual a liderança dividia com os demais colaboradores suas estratégias, projetos e iniciativas.

> A agenda do *Mais Interação* engloba encontros com gerentes de projetos, líderes locais, diretores e presidente, no evento especial *Café com a Presidente*. "O líder é um canal extremamente importante. Por isso utilizamos a força dele para transmitir a mensagem. Sentimos que a mensagem face a face ainda é uma das mais eficazes na comunicação com os colaboradores", explica a gerente de comunicação corporativa e sustentabilidade da Masisa Brasil.

Seja para engajar, aumentar o sentido de pertencimento, atuar como dono. Seja por meio de jornais, murais, TV, rádio, sites e no olho no olho. Investir em comunicação não é uma iniciativa despropositada – muito pelo contrário. O então presidente da Associação Brasileira de Comunicação Empresarial (Aberje), no texto *Um novo par*, de junho de 2013, deixava clara a importância da comunicação para o bom gerenciamento dos negócios.

"Independentemente da hierarquia, hoje, as pessoas em uma empresa precisam se capacitar cada vez mais na comunicação e no que chamamos de relacionamento, porque não existe relacionamento excelente quando não há comunicação excelente. Podemos dizer assim, que uma empresa que se comunica mal não é uma boa empresa, que o gestor que se comunica mal é um mau gestor, e assim por diante", explica.

Outro bom retorno de uma comunicação interna bem-feita foi retratado na edição de maio de 2011. Sob o título *O ouro da base*, a matéria trazia dados do estudo *Profit from the bottom of the ladder*, conduzida por Jody Heymann e Magda Barrera, da McGill University, no Canadá, e que fazia a conexão dos investimentos feitos nos trabalhadores da base com a lucratividade das empresas.

A pesquisa levara seis anos para ficar pronta e foi feita junto a empresas do setor privado de nove países (em cinco continentes), de variados segmentos econômicos e de todos os portes, com contingentes de 27 a 126 mil funcionários. Segundo o estudo, esses investimentos poderiam ser, entre outros, nos canais de comunicação, sobretudo para ouvir o que os funcionários da base tinham a falar.

Na reportagem, um consultor especializado em relações de trabalho reforçava a importância de as empresas darem atenção para o pessoal da base da pirâmide e para o alinhamento entre discurso e prática da empresa. Para ele, existiam quatro palavras-chave que pautavam a atitude das chefias na relação com esse grupo de profissionais: justiça, respeito, confiança e reconhecimento:

"O trabalhador da base tem uma sensibilidade grande em relação ao modo como é tratado (...) e se efetivamente existe um ambiente de confiança, que é resultado de uma equação relativamente simples. Quanto mais o discurso da empresa corresponder à prática, maior será o ambiente de confiança".

Na sequência, o consultor fazia uma crítica sobre como as empresas, de fato, olhavam para esse público:

"Às vezes, as empresas não olham para eles como se fossem capazes de compreender e discutir o que se passa no mundo cor-

> porativo nos dias de hoje. Não é verdade. (...) Eles têm acesso às mesmas fontes que o resto do pessoal da empresa tem. Todos acessam a internet, todos sabem o que se passa, eles acompanham as coisas", observa.

Ou seja, também de nada valiam investimentos em veículos e produtos se não houvesse um real entendimento do sentido da comunicação e de seu alinhamento entre a verdade da fala autorizada e a realidade das ações praticadas.

2.3. Ninguém é Dono de Ninguém

A Comunicação e as Outras Áreas

A edição de junho de 2013, na matéria *Um novo par*, traz dados de um estudo da Associação Brasileira de Comunicação Empresarial (Aberje), mostrando que – de 2007 para 2012 – caíra de 40% para 25% o número de comunicadores que se reportam aos departamentos de recursos humanos no país.

Em 50% das corporações nacionais que participaram da pesquisa, o reporte passava a ser direto a profissionais do mesmo segmento de atuação. "Isso indica uma profissionalização crescente do segmento e ao mesmo tempo um entendimento das suas especificidades", explicou na ocasião o presidente da Aberje.

Na reportagem, a Braskem era apresentada como um exemplo de empresa em que a comunicação não estava mais no guarda-chuva do RH, mas independente e sob a liderança da vice-presidência de relações institucionais. A matéria informava que a empresa trabalhava com agências de comunicação para apoiar a criação e a operacionalização de campanhas e materiais para o público interno, mas a estratégia ficava por conta da área especializada.

Apesar da independência, é preciso lembrar que a área de comunicação, em um mundo complexo como o atual, não pode perder seu papel de integradora e deve portanto também integra-se às demais. No caso com a área de recursos humanos, a parceria é extremamente positiva, até mesmo porque a gestão de pessoas e a comunicação estão intimamente ligadas – ou recursivamente falando. A necessidade de complementaridade e sinergia entre essas duas áreas aparecia no texto:

> "É impossível fazer comunicação com os empregados sem trabalhar com informações que só a área de recursos humanos possui. Assim como é impossível o gestor de pessoas fazer comunicação se não trabalhar em uma perspectiva profissional", define [*o presidente da Aberje*]. Para ele, o RH e todas as demais áreas da organização precisam entender esse novo papel da comunicação. Hoje, trabalhar esse tema no âmbito das empresas é trabalhar não apenas com as relações humanas, mas também com inúmeras questões, que estão ligadas com diversos públicos estratégicos – o sujeito é empregado, é acionista, é comunidade, é autoridade, pertence ao sindicato.

A matéria traz histórias de outras empresas em que a área de recursos era uma forte parceira da área de comunicação. Uma delas foi a Localiza, empresa do segmento de aluguel de carros. Apesar de possuir uma área de comunicação independente, reportando-se diretamente ao CEO, a empresa mantinha uma célula da área de comunicação corporativa dentro da área de recursos humanos para cuidar de processos específicos do departamento.

Mas ser independente tem seu preço. Ou melhor, seus desafios. No caso de a área de comunicação não estar sob qualquer outra área, o presidente da Aberje citava o desafio de ter comunicadores que estivessem à altura das demandas a que o mundo submetia as empresas.

> "Não adianta ter comunicadores que só falam 'comunicaloguês', eles precisam falar a linguagem da organização, que passa por todas as áreas. É alguém que esteja convivendo, pensando, estruturando o que chamamos de política organizacional [*e não só atuando a partir de uma política já pronta*], atuando em níveis de planejamento e operação. Além disso, esse comunicador tem de conhecer quais são os valores, as técnicas e as crenças que a

comunidade empresarial, representada por sua alta direção, compartilha. Senão, ele vira um simples operador."

Outro desafio para o comunicador era trabalhar uma comunicação que não fosse só quantitativa. O presidente continua a descrever esse profissional que

> "(...) tem de ser também alguém que consiga influenciar a empresa para um olhar mais qualitativo, não só quantitativo. Aí estamos falando de sustentabilidade, de gente, do social, do cultural, do ambiental, tecnológico, político, de todas as dimensões. É um novo tempo, realmente de mudança. As empresas precisam aprender a valorizar, principalmente o humano, o intangível, o simbólico, tudo aquilo que acaba, hoje, criando valor."

Na matéria *Falar, ouvir e entender* (de 2012), uma consultora de comunicação empresarial apontava outro aspecto que unia as duas áreas. De acordo com ela, o ponto de partida para uma comunicação bem-sucedida era o conhecimento sobre com quem será mantida a comunicação, com quem será feita uma interação. Assim, saber qual o percentual de homens e o de mulheres que havia em uma empresa, qual o nível de escolaridade e onde moravam, por exemplo, não deixavam de ser informações de interesse. Mas não as únicas.

Saber sobre o que seu público pensa, quais os valores que possui, por exemplo, são questões que ganham uma dimensão maior, em um cenário em que as organizações se esforçam para compreender e alinhar os propósitos dos funcionários aos delas.

E por essa razão, essas são algumas das que devem ser levadas em conta também no processo de recrutamento e seleção. São questões que reforçam que as duas áreas, comunicação e RH, se são independentes, devem ter uma sinergia. Outra oportunidade de trabalho em conjunto entre elas refere-se ao gerenciamento de crises.

Quando o ser humano é um risco

A matéria *Nos bons e maus momentos*, de novembro de 2013, trouxe um tema importante para a área de RH: como contornar ou até evitar, ou minimizar, os danos à imagem da empresa durante uma crise. Como muitos dos problemas que podem afetar a reputação de uma organização derivam de ações humanas ou da falta de alguma iniciativa humana, nada mais natural que o tema figurasse na revista MELHOR.

Na linha da ação sinérgica, a reportagem mostra como a área de recursos humanos pode e deve atuar ativamente na avaliação de riscos e no relacionamento com o público interno em momentos delicados para a empresa. Afinal de contas, gerir capital humano é gerir também um risco, ainda mais quando começa a criar boatos ou a espalhar notícias inverídicas, feitas apenas para preencher lacunas de uma comunicação deficiente ou para minar o poder de um líder ou da própria companhia.

> Em um mundo no qual as barreiras para a troca de informação caíram com a internet, boatos não esclarecidos rapidamente podem se tornar uma bomba-relógio para a empresa, servindo de combustível para cenários pouco favoráveis. "É importante lembrar que os funcionários têm uma enorme capacidade de troca de informações em tempo real e isso faz com que a organização fique ainda mais fragilizada em determinadas situações. Os boatos podem se disseminar numa velocidade que torna quase impossível estabelecer um controle do que está sendo dito", ressalta o professor doutor da Universidade de São Paulo (USP).

É a organização falada à qual Baldissera se referiu, é um reflexo perverso da comunicação informal a que não se tem controle, como Carramenha, Cappellano e Mansi (2013) tão bem assinalaram.

Por essa razão, na matéria fica explícita a necessidade de a área de recursos humanos fazer parte dos comitês de gerenciamento de crises. A ausência dessa área em tais comitês ou em outros grupos em situações de contenção e de prevenção de problemas podia ser atribuída, entre outras razões, a uma espécie de *complexo de vira-lata* da qual a área de RH parecia padecer, como avaliou o então sócio da SPGA Consultoria de Comunicação. Para ele, o RH percebia que podia ajudar, mas como não era chamado, ficava apenas assistindo. Por isso, é fundamental que a área tenha consciência da importância de seu papel e esteja preparada para mostrar o seu valor em momentos decisivos. "'Sabemos que o RH não costuma ser chamado mais por falta de hábito do que por preferência. Quando recomendamos sua participação em um comitê de crise e os resultados aparecem, o principal executivo costuma dizer: 'Como não pensei nisso antes?', diz o consultor".

Ainda na matéria, o professor da USP fez um alerta: que as ações de comunicação interna não podiam ser orientadas por modismos, mas sim, adequadas à realidade de cada organização. Assim, algumas organizações, em situações dessa natureza precisariam mais de materiais impressos; outras, só digitais; outras, da oralidade, do contato face a face.

Mas o que vai fazer uma grande diferença, na verdade, é a presença de um líder em todos os momentos. "As pequenas empresas podem se dar ao luxo de fazer com que essa presença seja física. As maiores podem usar a tecnologia como recurso para isso", complementa o professor (idem).

O novo par na praça

Outro exemplo de trabalho em conjunto entre a comunicação e outras áreas vem da Masisa, como é mostrado na matéria *Ainda o que prevalece é o olho no olho*, de maio de 2014. A companhia criara o *Sistema Mais Masisa de Comunicação*, que englobava todos os canais de comunicação voltados ao público interno, além de ter uma equipe formada por uma gerente, um coordenador e um especialista, com uma analista de comunicação em Ponta Grossa (PR) e uma em Montenegro (RS), onde havia duas fábricas e estavam os principais públicos.

Mas, seja como for, subordinada ou não a esta ou àquela área ou departamento, a comunicação sempre estará presente, positiva e operante em uma organização. Vale trazer, a propósito desse aspecto, a opinião do então presidente da Federación Iberoamericana de Comunicación Interna, na entrevista *Desapegados do ego*, de maio de 2014: "A área de RH é a nossa principal parceira na empresa. Ela é quem mais conhece as pessoas. E a verdade é que não importa se a área de comunicação interna é dentro ou fora de RH, esse debate não me importa... o que importa é que trabalhemos juntos".

2.4. Para Uso Diário

A Comunicação em Ações de Gestão

Como uma poderosa ferramenta de gestão, a comunicação perpassa várias áreas e ações da empresa. Na transmissão da missão de uma companhia, no processo de gerenciamento de carreira de outras, no fomento de novas ideias, na criatividade. Tudo tem e tudo é comunicação.

Na Embraer, a tarefa de transmitir a missão, visão e valores da empresa, segundo a matéria *Visão de futuro*, de outubro de 2014, cabia à área de recursos humanos. E cabia a ela também garantir a adesão dos funcionários à visão e aos valores transmitidos, que eram considerados a base para a perpetuidade da companhia. Mas os líderes não ficavam de fora desse processo:

> Os líderes têm papel importante como disseminadores dos valores. Eles recebem uma apresentação rica em informações, referências e conteúdos de apoio de todo tipo (vídeos, textos, jogos) para conversarem com a equipe a respeito. Segundo [*a diretora de RH*], uma ação que simboliza essa disseminação de valores é o *Dia Azul*, no qual os colaboradores de todos os escritórios da Embraer, inclusive fora de fora do país, se vestem de azul para celebrar e fortalecer os valores corporativos.

O envolvimento dos colaboradores, aliás, também se deu na própria definição dos valores da empresa, um exemplo de como a disputa e construção de sentidos está intimamente ligada à comunicação, à formação de uma cultura corporativa, a partir do conceito de Baldissera.

> "O código de valores da Embraer foi construído ouvindo sugestões, expectativas e questões da maioria dos empregados em todo o mundo. Eles foram convidados a participar dessa construção por meio do *Espaço Cultura*, presente em todos os países em que a empresa possui unidade. Ou seja, nasceu a partir da vivência prática deles na empresa, respeitando as especificidades locais, o que facilita seu entendimento e adesão pelas pessoas", conta.

Na Caterpillar, destaque na categoria *Missão, visão e valores*, de 2011, a disseminação desses conceitos aos funcionários, de acordo com a matéria *Base sólida* (de setembro de 2011), contava com vários canais:

> (...) o boletim eletrônico diário *Primeira Linha*, o boletim do gestor *Algo Mais*, a *Mensagem do Presidente*, a revista *Em Ação* e o videojornal bimestral *Caterpillar*. Destaque para o *Balanço Social*, que é disseminado na fábrica nas telas de LCD.

> [além dos] encontros de comunicação e orientação: reuniões anuais que mobilizam todas as áreas e níveis hierárquicos da empresa. Neles, são debatidos temas como a estratégia da empresa e seus resultados com foco nos valores da corporação.

A própria Caterpillar, aliás, na matéria *Sugestão do dia* de outubro de 2014, também tinha na comunicação uma das bases para ouvir as sugestões de seus funcionários. Destaque na categoria *Envolvimento e novas ideais* da lista MELHOR/GPTW naquele ano, a empresa tinha entre os canais para essa tarefa o Sistema de Produção Caterpillar (CPS). Por meio de cartões CPS, os funcionários podiam fazer sugestões de melhorias, que eram avaliadas diariamente pelo líder, responsável por propiciar um *feedback* ao grupo e monitorar a implantação dessas considerações.

Para envolver e buscar novas ideias de seus profissionais, a Pormade também havia criado o *Programa de Grupos de Melhorias* (GMs). Desde 1994, o GMs atuava como um canal para os colaboradores discutirem e procurarem soluções para os problemas gerados no ambiente de trabalho. As reuniões eram realizadas durante o horário de expediente, uma vez por semana, com duração de cerca de 45 minutos.

> "É uma forma de estimular que as propostas venham do piso da fábrica e não somente da direção ou dos gestores. E isso é fantástico, porque as pessoas têm oportunidade de falar aquilo que pensam sobre o seu trabalho e a empresa", diz [a diretora de RH da Pormade, Hermine Schreiner].

Além disso, partindo do princípio de que as pessoas não querem só cumprir uma rotina de tarefas e deveres, mas fazer parte do negócio – um dos fatores de satisfação deles para com a empresa –, a Pormade Portas desenvolveu também uma série de práticas para estimular o engajamento dos cerca de seus 500 profissionais, então em 2012. Fabricante de portas de madeira para a construção civil, instalada em União da Vitória, no interior do Paraná, e destaque nas práticas *Envolvimento e novas ideias*, *Qualidade de vida* e *Respeito* da lista MELHOR/GPTW daquele ano, a empresa apostava na gestão participativa.

> A companhia reúne semanalmente todos os profissionais de campo, além dos gestores internos e externos, por meio de Skype, para discutir, apresentar e debater novas propostas da empresa. Com isso, (...) as pessoas passam a compreender melhor todas as ações que são tomadas.
>
> (...) Outra forma de ouvir o seu pessoal é por meio do Programa de Erros, Tesouro, Inovações e Melhorias (Petim), no qual as pessoas preenchem um formulário distribuído em pontos estratégicos e escrevem tudo o que viram de coisas boas durante a semana na empresa, como prêmios, cursos e palestras oferecidos. Na outra, é a vez de os funcionários informarem tudo o que notaram de errado na companhia e indicarem uma possível solução.

Com essas ações, a empresa buscava extrair o melhor dos funcionários a respeito da organização e da condução dos negócios, dando mais espaço para a participação de cada um. Algo parecido era feito em outras companhias, mas em proporção menor de pessoas e com um enfoque mais específico, como veremos a seguir.

A carreira dos outros

Para melhor gerenciarem seus talentos e para minimizar os impactos da dificuldade de encontrar mão de obra qualificada, algumas empresas criaram os chamados Comitês de Carreira, grupos nos quais um determinado número de líderes se reúne para falar de pessoas, mapeá-las e traçar planos para desenvolver esses talentos.

Na grande maioria dos casos, tais comitês tinham a capacidade de gerar estratégias de blindagem dos profissionais contra possíveis investidas de concorrentes, mesmo que individualmente. Isso podia ajudar na retenção de pessoas, uma vez que esse projeto permitia maior eficácia nas decisões sobre os cargos críticos que eram tomadas por um grupo, de maneira estruturada. Pelo fato de envolver mais pessoas, tratava-se também de uma forma de evitar que questões pessoais acabassem definindo o destino de um colaborador. E a transparência na comunicação dos processos que envolvem tais comitês era uma necessidade básica.

> "Hipoteticamente, o cenário ideal é comunicar de forma clara a existência do grupo, suas atribuições e os participantes. Já os resultados dos encontros, ou seja, as promoções, demissões, mudanças de áreas, devem ser anunciadas dentro das políticas de comunicação estabelecidas pela empresa para cada um dos aspectos", aconselha [o sócio diretor da Blend Desenvolvimento de Liderança].

Na Brookfield Incorporações, a área de RH foi a responsável por comunicar a criação, em 2011, desses comitês nas diretorias, conforme diz a matéria *A evolução da gestão colegiada*, de setembro de 2014. Em seguida, os líderes foram preparados por meio de *workshop* que explicou o papel de cada um na comunicação desse processo. Todos os líderes participantes do Comitê receberam um guia do gestor e todos os colaboradores avaliados receberam o guia do colaborador.

Na MAN Latin America, fabricante dos veículos comerciais Volkswagen e MAN, que também criou seu comitê em 2011, a comunicação foi incorporada a um evento já existente: o *Compartilhamento*, encontro realizado pelo RH com os colaboradores para tratar assuntos de relevância para o negócio.

Quem e o que ajuda a sustentar

A comunicação é também uma das principais ferramentas para engajar os funcionários na estratégia de sustentabilidade. A partir dessa premissa, destacada no estudo realizado pelo Next – Observatório de Tendências em Sustentabilidade, da consultoria Ideia Sustentável, e divulgado na matéria *Engajar pela sustentabilidade*, de setembro de 2014, tornava-se fácil e óbvia a ideia de que o RH devia atuar em completa sinergia com a comunicação para facilitar o engajamento das pessoas e a criação de uma cultura de sustentabilidade.

Assim, a empresa devia usar todo seu aparato de comunicação e todas as oportunidades que tivesse para tratar a sustentabilidade como um valor, tornando claras as metas envolvidas e mostrando de que maneira estão sendo cumpridas, celebrando casos de sucesso.

O papel da média gerência também merecia destaque nesse processo, por ser ela a responsável por traduzir a mensagem de sustentabilidade da empresa nas operações cotidianas para o conjunto de colaboradores. E tínhamos mais uma vez a presença do líder e sua importância na comunicação.

2.5. O War Corporativo

A Comunicação nos Processos de Fusão e Aquisição

As fusões e aquisições (F&A) cresceram 5,2% em 2013 em comparação com o ano anterior, de acordo com pesquisa publicada pela consultoria PwC. Das 811 transações anunciadas em 2013 no Brasil, apenas 35,9% (291) tiveram seu valor divulgado, somando US$ 88,1 bilhões. Do total anunciado, 13 transações tiveram valor de compra acima de US$ 1 bilhão, totalizando US$ 55,2 bilhões. Já as transações até US$ 100 milhões representam 68,4% do total. Em 2014, até junho, foram 72 negócios anunciados, com um investimento estimado de R$ 27,7 bilhões. O segmento de serviços auxiliares foi o destaque do ano com 121 transações, representando 15% do mercado. Na sequência, aparecem tecnologia da informação (105), varejo (85) e serviços públicos (57), sendo que 291 negócios somaram US$ 88,1 bilhões.

Ir às compras ou unir forças era item constante, pelo que se percebe, na agenda das empresas, mas nem sempre esse tipo de iniciativa resultava em algo bom. Em processos de F&A, a atenção das empresas deve ir além das cifras e demais valores, muito comuns em *due diligence*, e colocar o fator humano no primeiro plano da análise. Como disse o consultor e sócio da Acquisitions Consultoria Empresarial, na matéria *Diálogo: a ponte entre duas culturas*, de dezembro de 2014, cerca de dois terços dos fracassos de aquisições estavam associados à não integração dos colaboradores. "É como comprar uma casa que está alugada, cujos inquilinos ainda não foram informados sobre os planos dos novos proprietários". Por essa razão, a comunicação, o diálogo e o papel dos líderes ganhavam destaque para que uma fusão ficasse menos confusa e uma aquisição, mais vitoriosa.

Na matéria citada, tomamos contato com a experiência da Locaweb, primeira empresa brasileira a oferecer serviços de hospedagem com infraestrutura própria. Entre 2012 e 2013, ela adquiriu empresas do setor de tecnologia para complementar o portfólio de produtos e serviços: a Eventials, em 2012, e, no ano seguinte, a Tray (plataforma para loja virtual), a SuperPay (*gateway* de pagamento) e a All In Mail (plataforma de *e-mail marketing*).

Como as companhias compradas eram pequenas, a maior preocupação foi em relação à manutenção dos empregos e cargos dos então novos colaboradores, uma vez que há sempre a possibilidade de duplicidade de funções. No entanto, a questão da comunicação também ganhava um destaque importante no radar da empresa. "Nossa maior dificuldade foi o engajamento. Não é tarefa fácil mostrar [*aos novos funcionários*] que o grupo Locaweb era interessante e que a empresa poderia dar condições de trabalho [*a eles*]", disse a então gerente de recursos humanos da companhia.

A integração foi realizada em doses homeopáticas. Antes mesmo de as novas organizações terem sido incorporadas à Locaweb, houve um processo de aculturamento com as práticas corporativas da empresa, que foram intensificadas após o fechamento dos negócios. 'Depois começaram a adequar as práticas, conversar e explicar como seria a integração. Reunimos os diretores para planejar e trocar informações', narra [a executiva]".

No mercado de aviação sul-americana, em 2012, assistimos à fusão da brasileira TAM com a chilena LAN, formando o grupo LATAM, que depois desse processo, passava a contar com mais de 53 mil colaboradores. Segundo afirmou o então vice-presidente de gestão de pessoas da TAM, na mesma matéria, não houve muita *dor de cabeça* para integrar os colaboradores na nova corporação, em função de as empresas apresentarem mais semelhanças do que diferenças.

> [*Ele*] explica que o momento é de construir uma cultura unificada, a cultura LATAM, e esse processo tem início nas lideranças e perpassa todos os demais níveis, buscando estabelecer uma comunicação de mão dupla que viabiliza o diálogo e o engajamento das equipes. "É evidente que não se reinventam crenças, mas é possível renovar a cultura. No caso da construção da cultura LATAM, estamos em busca disso", afirma.

Aqui, ressalta-se a participação dos líderes nesse processo de construção de um novo significado, de uma nova cultura, que será renovada a partir da interação entre as pessoas que irão participar da nova companhia aérea. E para que a integração ocorra sem muitos problemas, outro aspecto merece atenção: o fluxo de informações.

A matéria *Juntos. E agora?*, de julho de 2010, mostra que comunicar todos os passos, no momento e na medida certos, contribui sobremaneira para boa condução de uma aquisição ou fusão. Na ocasião, uma das empresas participantes da reportagem foi a Totvs, gigante brasileira de softwares de gestão. Experiência em aquisições ela possuía de sobra: desde que se lançara no mercado com esse nome em 2005 (antes, era Microsiga) e até 2010, a empresa havia adquirido 25 outras companhias. Incluindo, nesse rol, sua maior concorrente, em 2008: a Datasul. A partir desse episódio, a então diretora de relações humanas da Totvs explicou como fora feita a comunicação:

> "A aquisição da Datasul aconteceu no meio do ano. Durante o segundo semestre, montamos um grupo da alta administração e de gestores – um grupo pequeno – que monitorava e soltava um comunicado todas as sextas-feiras. Essa é uma ferramenta de comunicação poderosa, porque o presidente está dizendo a todos o passo a passo do que está acontecendo e aonde queremos chegar", explica a diretora.

> Ela acrescenta que outras medidas foram implementadas no processo de integração, como visitas técnicas, grupos de trabalho com funcionários das duas empresas e reuniões em cidades diferentes. "O objetivo é que eles vissem como a empresa se estrutura e se organiza. Hoje, nós temos espaço de socialização, no qual escrevemos os comportamentos e valores que queremos que estejam em todos os lugares", relata.

Terminada essa aquisição, a Totvs chegou a um contingente superior a 9 mil colaboradores, sendo 5 mil diretos e os demais nas redes de distribuição. Muitos deles antigos concorrentes, fato que, em processos como esses, sempre reforça a integração e criação em conjunto de um novo norte. E para fazer com que os *ex-adversários* passassem a trabalhar em conjunto, foram criadas uma meta, uma identidade e desafios comuns, que envolviam a empresa toda.

Onde está o pessoal que almoçava com você?

Processos de fusões e aquisições (F&A) são sempre sinônimo de trabalho árduo não apenas para a equipe de comunicação, mas para a área de recursos humanos também – e por essa razão fazem parte de pautas da revista MELHOR. Os problemas que envolvem o tema *pessoas* são amplos – e críticos. Por isso, a necessidade de uma comunicação eficiente.

Alguns desses desafios, vamos chamá-los assim, começam pelas conversas informais entre os funcionários, logo que se instalam os primeiros rumores de que a empresa vai ser vendida ou se fundir com outra. E os desdobramentos podem ser penosos para o patrimônio intangível da organização: dados de um estudo da PwC, de 2008, apontavam que 25% do capital intelectual abandonava a empresa no início do processo de integração ou mesmo antes. Quem passou por isso alguma vez, que o diga.

Entrevistado na matéria *Juntos. E agora?*, um executivo de comunicação – que vivenciara seis processos de F&A, e dos dois lados do balcão, como comprador e comprado – explicou que a sensação predominante nas pessoas, nessas situações, é de insegurança em relação ao próprio emprego, algo mais intenso nos funcionários com anos de casa.

Além da preocupação com a carreira, outros fatores também tiram a pessoa da zona de conforto e dos braços de Morfeu, à noite: alguns tangíveis, como a ausência dos amigos que dividiam a mesa no almoço e que, a partir de então, passam a ficar dispersados em outros locais; e outros intangíveis, como o vínculo emocional que as pessoas têm com as marcas, com a identidade da companhia. Em outras palavras, o que era rotineiro e familiar é substituído por incertezas: 'Como serão as novas relações de trabalho?', 'Qual o perfil do novo chefe?' são algumas das questões que invadem corações e mentes.

Nesse ambiente de incertezas, as pessoas começam a prospectar oportunidades no mercado. Além disso, a energia das pessoas diminui. E a comunicação tem parte disso, como informa a matéria:

> "As pessoas começam a fazer fofoca, dedicar uma parte do dia a discutir com os amigos quem sabe o quê, e quem acha que vai acontecer o quê. Elas direcionam uma parte da energia originalmente destinada ao trabalho para fazer rádio-peão, outra parte dessa energia para sentir medo e uma terceira parte para procurar emprego. Então, a produtividade cai", ressalta [*a, então sócia-líder da área de People & Change da KPMG*].
>
> O que o RH pode fazer diante dessa situação? "Quanto mais respostas, quanto mais comunicação oficial o gestor de capital humano der, menos rádio-peão, menos espaço para a especulação vai haver", diz Patrícia. Mas ela ressalva que não basta comunicar só por comunicar, no intuito de simplesmente acalmar as pessoas. "A comunicação tem de ser muito clara e muito honesta. Se falar que a empresa não vai ser vendida e depois ela é vendida, na próxima coisa que se falar, as pessoas não acreditarão mais", diz.

Se por um lado a consultora parece atribuir à área de RH o papel de dar respostas aos funcionários, por outro, a mesma tarefa era endereçada ao profissional de comunicação, desta vez na opinião do executivo da área ouvido e que vivenciara seis processos como esse. Segundo ele, processos como os de F&A exigem muita sensibilidade por parte do profissional de comunicação. Disse ele: "Um cuidado que se deve ter é encontrar a dose certa na emissão das mensagens. As pessoas querem saber o que se passa na organização. Não se deve deixá-las no vácuo nem soterrá-las com uma avalanche de mensagens sucessivas".

Outro aspecto importante, para ele, era a área de comunicação mostrar-se disponível para sanar dúvidas e eliminar ruídos. Isso demonstrava respeito com os colaboradores e contribuía para o senso de pertencimento, que era (e é) fundamental para se construir uma nova organização.

Quando o menor tem mais poder

Na edição de abril de 2012, outro processo de aquisição foi retratado. A matéria *Due diligence humana* trazia o olhar de um consultor que, em 1998, era o homem de RH do banco holandês ABN Amro para cuidar, em relação ao tema *pessoas*, do processo com o banco Real. Durante a integração das empresas, ele foi nomeado como responsável pela área de recursos humanos da nova organização.

Durante a *due diligence* comandada pelo RH, percebeu-se que havia uma grande diferença entre as culturas organizacionais envolvidas. E ainda por cima, uma diferença gritante de número de funcionários: o ABN somava algo em torno de 1,7 mil; já o Real beirava os quase 19 mil funcionários...Como impor a cultura do menor sobre o maior? Com essa questão na mesa, ficou claro que no processo de aquisição haveria uma fusão de culturas, da qual surgiria uma nova organização, diferente das demais.

> (...) A empresa realizou um seminário de um dia com os 22 diretores da nova organização para discutir como seria esse novo banco, qual seria a visão de futuro da equipe dirigente, a missão do banco, e sua proposição de valor para seus clientes. No decorrer de 1999, foram realizados 30 seminários semelhantes, envolvendo 500 diretores e gerentes do Real e do ABN, cada um durando dois dias. O resultado desses seminários foi sendo integrado para formar um conjunto de frases descrevendo a cultura desejada.

Ao mesmo tempo, foi montada uma estratégia de comunicação interna. O consultor recordava: "Acabamos com os veículos internos que tanto o Real quanto o ABN possuíam e criamos um novo, batizado de *Juntos*". Esse conceito foi tão forte que quando o Santander comprou o ABN-Real, incorporou o termo para sua comunicação externa, quando passou a se apresentar como o banco do *juntos*. O processo de integração do ABN com o Real durou três anos e durante todo esse período inúmeras reuniões foram realizadas para discutir se cada decisão tomada era coerente com a cultura desejada.

2.6. Curtir e Compartilhar

A Comunicação nos Tempos das Redes Sociais

A matéria *A conquista digital*, de março de 2012, mostra como e porque algumas empresas passavam a investir na comunicação via redes corporativas, enfocando tanto as vantagens para o RH, no caso na comunicação de vagas internamente, quanto para a própria área de comunicação.

Uma das empresas ouvidas foi a Radix, que havia colocado no ar, havia mais ou menos um ano, sua intranet. Com isso, percebeu-se logo o benefício de conceder maior autonomia para a publicação de informações das diferentes áreas da empresa.

> Hoje, cada grupo tem liberdade para publicar informações relevantes sem precisar esperar pela área de comunicação. "O RH divulga vagas internas e a área de saúde e bem-estar pode divulgar suas iniciativas", exemplifica a gerente de comunicação e marketing da Radix.

Quem também tinha autonomia eram os funcionários que podiam se manifestar livremente na rede interna, que seguia os padrões do conhecido Facebook. Assim, de acordo com a reportagem, às pessoas era permitido publicar e curtir fotos, vídeos e mensagens, além de poderem marcar e seguir outros funcionários. Isso só era possível, conforme a executiva afirmara, pela confiança, por parte da empresa, no seu processo de seleção – que identificava profissionais alinhados aos valores da companhia – e no bom senso dos seus funcionários.

Um dos benefícios percebidos pela empresa depois da implantação da rede foi a melhoria no clima entre os colegas de trabalho. "Também ficou mais fácil para a empresa conhecer os seus colaboradores. Semanalmente, a Radix publica na intranet o perfil de um funcionário, com direito a uma fotografia e detalhes pessoais, o que motiva a interação entre eles" (idem).

Mas nem sempre o envolvimento do colaborador com um canal como esse era imediato, como o *case* da também empresa de tecnologia Arkhi, de Minas Gerais, mostrava na mesma matéria. Batizada de Arkhiland, a intranet ainda não era utilizada por todos os profissionais. Para resolver essa questão, a empresa estudava algumas formas de atrair a atenção do público interno.

> Um dos caminhos será mapear os grupos de interesse dentro da empresa e definir aqueles que querem levar as informações desses grupos adiante, colocando-os em contato. "A ideia é que as pessoas assinem o conteúdo que desperta interesse e existam pessoas emitindo informação sobre estes temas" [*disse o então líder de relacionamento e negócios da companhia*]. Outra possibilidade é a criação de um grupo dentro do próprio Facebook. Dessa forma, a pessoa entraria na rede para ver seu perfil pessoal e também acessaria o perfil corporativo.

A Arkhiland fora criada para acelerar a propagação de informação, além de estimular a troca de conhecimento entre profissionais que ficam dentro da empresa e aqueles que passam a maior parte do tempo fora, visitando clientes. "'Se não promover a interação entre estas partes, a cultura empresarial sai perdendo', afirmou o executivo".

Experiências como formatar as redes sociais internas para modelos próximos às redes sociais como Facebook e Gtalk também estiveram presentes na matéria *Vamos construir uma empresa melhor juntos*, de junho de 2014. Nela é citado o exemplo da empresa de tecnologia Resource IT Solutions.

Com mais de três mil colaboradores espalhados entre os 18 escritórios no Brasil, América Latina e EUA, a empresa precisava de uma ferramenta que unisse essas equipes. A resposta foi dada com a criação da rede interna + *Social*. Nela, havia o perfil do colaborador com fotos, status, assuntos de interesse, dia do aniversário entre outros dados que geralmente são colocados em redes sociais.

Algo parecido ocorria nas também empresas de tecnologia Stefanini e SAS. Nesta última, a rede chamada de HUB permitia que os funcionários de todas as unidades de negócio da SAS, de qualquer lugar do mundo, pudessem participar. A iniciativa foi lançada em 2011, como ideia da matriz, situada na Carolina do Norte (EUA). Em uma semana, mais de mil funcionários já estavam usando a ferramenta. Até a época da reportagem, eram 10.762 usuários registrados. De acordo com a então especialista em RH da SAS:

> "O uso dessa ferramenta ajuda a compartilhar informações e a manter as equipes mais engajadas e está fortalecendo as relações de trabalho, permitindo que as equipes desenvolvam confiança umas nas outras. (...) Hoje, ninguém quer esperar por uma reunião formal de equipe para fazer um *brainstorm*".

Aproximar redes sociais digitais como o Facebook para o ambiente corporativo tinha como um de seus pilares levar para o público interno um canal com o qual ele, pressupunha-se, já estava familiarizado. No entanto, nessa transposição, a empresa não devia perder de vista uma característica dessas redes e seus impactos: a oportunidade que elas (redes) dão à pessoa de fazer ouvir sua voz, seus anseios, dúvidas e opiniões. No mundo corporativo, esse traço do mundo digital não pode ser deixado em segundo plano. Na entrevista *Desapegados do ego*, de maio de 2014, o então presidente da Federación Iberoamericana de Comunicación Interna reforçou que esses aspectos estavam mudando a forma de fazer comunicação interna e exigindo uma reflexão sobre qual deve ser o papel de um comunicador interno.

> "Há três anos, escrevi o primeiro livro em espanhol sobre *comunicação interna 2.0*, que também foi traduzido para o português, e ali eu já argumentava que estávamos entrando em uma era de comunicações cocriadas, compartilhadas, colaborativas, que en-

riqueciam a dinâmica de conversação em uma empresa. Para resumir: o papel histórico do comunicador interno sempre foi o de enviar mensagens, e hoje é complementado por outro papel, o de facilitar que outras pessoas sejam emissores das mensagens. Ou seja, o comunicador é uma espécie de *combustível* puro e também uma espécie de *lubrificante* na comunicação.

Por essa razão, o comunicador interno devia ser a pessoa mais educada e culta de uma empresa, na opinião do entrevistado. Educado no sentido de conhecer muitos códigos para ter melhores condições de criar as comunicações que se encaixam com as diferentes culturas e personalidades existentes em uma organização. "Ter conhecimento ou saber sobre *comunicação* é uma condição necessária, mas não suficiente para ser um comunicador. A organização é uma obra humana: é preciso nutrir-se das ciências que buscam compreendê-la e das expressões que a tornam visível".

Além disso, em um mundo dominado pela tecnologia, pela nulodimensão, falar em comunicação interna pode soar estranho. Para o então gerente de comunicação comercial da Natura, na matéria *Falar, ouvir e entender* (de setembro de 2012), na verdade, este termo *interna* ganhava uma nova perspectiva:

> (...) "Será que é possível controlar as redes sociais e essa comunicação? As consultoras da Natura, por exemplo, podem falar a qualquer momento sobre o nosso produto, melhor até que a gente. Mal deu para entender o Orkut e já veio o Facebook. Não existe mais uma via de mão única", diz [*o executivo da Natura*] .
>
> [*O diretor da prática global de comunicação da Buck Consultants*], vai mais além. Para ele, os desafios estão ligados ao excesso e à fragmentação dos canais de comunicação atuais. "Hoje em dia, as pessoas recebem mensagens demais e encaram essa sobrecarga. Nesse cenário, é difícil para as empresas conseguirem comunicar o que desejam de forma clara. Além disso, as pessoas tendem a favorecer determinados canais de comunicação para certos tópicos e, ao mesmo tempo, dedicar a eles uma atenção limitada", argumenta. Para o diretor, está cada vez mais difícil alcançar o *mix* de mídia correto, entre as ferramentas impressas, *on-line*, móveis, presenciais, entre outras.

De fato, montar esse *mix,* combinar os pratos no cardápio da comunicação com o funcionário não é uma tarefa simples. Algumas empresas pareciam deixar ingredientes de fora em uma receita. Nesse aspecto, a pesquisadora e diretora da Trixe Comunicação Empresarial lembrou uma situação que vivenciara:

> "Fui chamada, uma vez, por uma empresa de tecnologia que reclamava da falta de comunicação interna, apesar de ter investido em web TV, internet, entre outros meios. Perguntei se eles tinham jornal mural, se existia algum tipo de comunicação no elevador e eles não usavam. Ou seja, é importante mesclar as tecnologias novas com as tradicionais", comenta.

Na matéria, a importância de entender as necessidades da empresa para montar o melhor cardápio em comunicação era, dessa forma, destacada. E a própria Natura servia de exemplo, ao mesclar uma comunicação impressa, digital e presencial de forma bem resolvida e eficaz.

Com uma tiragem de três milhões de exemplares na época, a *Revista Natura*, um catálogo de vendas distribuído a cada três semanas para as consultoras espalhadas pelo Brasil e em outros países, era um dos principais canais de comunicação da empresa. Apesar disso, a Natura não dispensava outra forma de se relacionar com suas consultoras:

> Além da revista, a Natura usa a internet, o celular (mensagens de texto) e ainda promove encontros presenciais para se comunicar com as consultoras. "Possuímos consultoras espalhadas pelo Brasil e pela América Latina, estamos falando de um grupo muito diverso de pessoas e de uma dinâmica de informação muito acelerada. A Natura lança um novo produto a cada dois dias. As consultoras entram no site, recebem SMS, comparecem pessoalmente a reuniões. Nossos posts têm mais de 50 mil acessos", conta o gerente de comunicação comercial. Nesse caso, explica [*o gerente de comunicação comercial*], é preciso tentar fazer uma comunicação integrada e aproveitar o que cada um dos veículos de comunicação pode oferecer, além de monitorar o processo e buscar medir a reação de cada ação. "Não posso falar coisas diferentes, mas também não posso achar que um único texto vai ser bem-sucedido", diz.

> (...) "O digital não substitui o presencial. Claro que não temos 100% de adesão, mas podemos perceber que as profissionais que mais frequentam esses encontros são as que mais tempo trabalham com a gente e as que trazem mais resultados", avalia.

Outra empresa que fazia essa mistura, a propósito da imagem culinária, era a Spice Gourmet:

> "A comunicação é um dos fatores principais para o sucesso do negócio e sabemos disso. Buscamos o constante diálogo por meio de quadros de gestão, *newsletters* e treinamentos focados na liderança com temas sobre comunicação e *feedback*", conta a gerente de RH da organização. Segundo ela, por intermédio desses canais, a companhia busca dar clareza aos valores, às expectativas e aos resultados da empresa, pois entende que transparência e respeito privilegiam a eficácia da comunicação, criando um clima organizacional saudável e evitando dar espaço para fofocas.

E por falar em fofocas, boatos, a matéria *Falar abertamente e ouvir sempre*, de outubro de 2014, mostrava que o colaborador da Elektro não precisava ficar apreensivo sobre o que iria ou poderia acontecer com a empresa e com ele. O clima de dúvida que existia em algumas organizações não passava nem perto da distribuidora de energia que atendia 223 cidades em São Paulo e cinco no Mato Grosso do Sul, de acordo com a reportagem.

Destaque nas categorias *Compartilhar*, *Melhor empresa – grandes* e *Imparcialidade* da lista MELHOR/ GPTW daquele ano, a empresa possuía também uma rede social interna, chamada *Conecta*, nome escolhido a partir da sugestão de um eletricista. Nela, as pessoas de cada área eram estimuladas a publicar *posts* com informações e fotos que mostravam como era o seu dia a dia de trabalho, quais os desafios em andamento e as conquistas realizadas. Além disso, o RH aproveitava esse espaço virtual para promover fóruns sobre assuntos que a gestão de pessoas desejava debater.

Na Elektro, compartilhar as informações com quem fazia parte do time era um exercício diário. "Em caso de qualquer mudança, os colaboradores são os primeiros a serem informados", afirmou a então analista de RH. Para facilitar esse compartilhamento, foi mudado até mesmo o próprio *layout* dos escritórios, que passou a não ter salas fechadas, nem mesmo para os gestores. Dessa forma, ficava mais fácil para as pessoas se aproximarem dos líderes e gestores para tirar dúvidas, pedir orientações e conselhos. "Os gestores são vistos como os principais agentes de comunicação, que podem realizar essa tarefa com o calor humano necessário para manter uma comunicação realmente viva, fluindo sem obstáculos do topo para a base e vice-versa".

2.7. O Que os Olhos Não Veem (de Perto)...

A Comunicação com Quem Não Fica na Empresa

Como manter a comunicação com os funcionários que estão espalhados pelo Brasil ou pelo mundo, em unidades próprias da empresa ou em clientes? O que fazer para que eles se mantenham integrados e interagindo com os demais?

A matéria *Todos por um*, de maio de 2012, mostra a experiência da Serasa Experian nesse assunto. O então gerente corporativo, responsável pelas agências de atendimento da empresa e líder de uma equipe de aproximadamente 450 colaboradores e 50 subordinados diretos espalhados por todo o território nacional, enumerou algumas das ações tomadas para garantir o sucesso dessa empreitada:

> Convenção anual dos líderes operacionais para atualizá-los e orientá-los a cascatear para os demais colaboradores as informações da matriz;
>
> Reunião anual com todos os funcionários das agências para tratar assuntos como postura, comportamento, conceitos, estratégia e a importância deles nesse processo;

> Ao menos uma visita mensal a cada agência para discutir os resultados mais expressivos da unidade no último período e celebrar as conquistas;
>
> Reuniões semanais com todos os líderes por videoconferência utilizando a Web TV.

Na opinião dele, ao tomar essas iniciativas, a empresa ganhava credibilidade e transparência, a informação era passada com segurança e as pessoas ao saberem o que estava acontecendo na empresa valorizavam esse processo que misturava o presencial com o virtual. Mistura semelhante era feita pela MetLife, como revela a matéria *Tão longe, tão perto*, de maio de 2011.

Fornecedora de seguros de vida, planos odontológicos e previdência privada, a empresa possuía, naquele ano, 12 consultórios odontológicos *in company* e 29 colaboradores alocados em clientes de grande porte. Para mantê-los informados e integrados com os demais, a comunicação da empresa era "(...) feita por meio de *e-mails*, telefone, visitas periódicas e treinamentos remotos e presenciais". Havia, também, dois outros recursos que auxiliavam neste alinhamento, como a Rádio Metropolitan FM e o MetLife Virtual School, uma ferramenta *e-learning*.

Como se percebe, apostar apenas em canais a distância para criar um vínculo com um funcionário distante pode não ser a melhor alternativa, a não ser em casos em que a distância não permita um deslocamento rápido e relativamente menos oneroso para a empresa ou colaborador. Mas, sendo possível esse encontro, é algo que vale a pena. E, na pior das hipóteses, sempre há o *blended*.

A então sócia e diretora da doers – human capital, consultoria especializada em gestão integrada de capital humano, na mesma matéria de 2011, reforçava que, para garantir o sentimento de pertencimento dos profissionais que não vivem o dia a dia do escritório,

> (...) é bom [*trazê-lo*] (...) de volta de tempos em tempos. "Uma boa ideia é criar fóruns de conhecimento compartilhado onde cada um poderá contar sobre seu projeto, suas conquistas, seu aprendizado e dificuldades. Desses fóruns participam funcionários, gestores, diretores e até vice-presidentes e o próprio presidente."

> [*Mas*] o principal desafio das empresas, no entanto, não é criar as iniciativas. É manter a disciplina para mantê-las em ação, na visão da consultora. "Com o motor da economia aquecido e em processo de aceleração, a concorrência acirrada e o apagão de mão de obra qualificada, infelizmente é muito fácil que essas ações se percam na correria ou que a correria seja uma desculpa bastante convincente para que as ações não aconteçam", alerta. "Por isso, é preciso que a atenção aos funcionários que estão alocados em clientes, ou expatriados ou transferidos, seja foco fundamental da empresa. É preciso que esta tal atenção esteja no DNA da empresa, ou seja, faça parte de sua cultura", conclui.

E quando o funcionário está perto, mas apenas do outro lado da cidade, trabalhando em *home office*? Valem as mesmas medidas, entretanto, vale reforçar sempre o que dizia Harry Pross: o corpo pede corpo.

Aqui, vale lembrar, como diz a matéria *É de casa, mas não caseiro*, de abril de 2013, que uma das principais queixas dos profissionais que têm o escritório em casa é a falta de convivência social. Um dos entrevistados confirmou esse problema e informou qual solução ele dava para vencer esse distanciamento:

> "O envolvimento com as pessoas no almoço ou café, usar uma roupa diferente de bermuda e camiseta regata, e ser visto. Tudo isso, por incrível que pareça, faz falta", revela o consultor de SAP. Ele, que só conhecia o chefe pela foto no Facebook, conta que evita ficar mais de duas semanas sem aparecer no escritório. Certa vez, ficou um mês longe. Após a experiência, deu um basta no isolamento social. "Apareço um dia a cada duas semanas, pelo menos, para o pessoal lembrar que eu existo".

Situação menos *dramática*, porém semelhante, era a de um executivo de negócios da Ticket, que também adotava o *home office* por meio de um programa da empresa. No caso dele, o grupo com o qual ele trabalhava e que ficava na empresa decidiu que, além das reuniões formais agendadas pelos gerentes regionais de vendas, eles também marcariam almoços e *happy hours* para debater assuntos do mundo corporativo, trocar experiências e, claro, falar de temas corriqueiros que tratavam na época da pausa do café.

2.8. Que Isso Sirva de Exemplo

O Líder na Comunicação Interna

Imagine que sua empresa resolve estimular o diálogo com seus funcionários. Para que cada um manifeste suas opiniões e dê sugestões, uma caixa é colocada em um ponto estratégico da organização. No entanto, a participação dos colaboradores é pífia. O que poderia ter causado esse resultado?

O caso em questão, na verdade, não é hipotético. Ele foi lembrado por uma pesquisadora em comunicação empresarial na matéria *Falar, ouvir e entender*, de setembro de 2012, e destacava o uso de, no mínimo, bom senso do profissional de comunicação na hora de escolher o canal de comunicação e como e onde aplicá-lo:

> "Um cliente me contou o caso de uma empresa cujos executivos reclamavam que a comunicação não era bem-sucedida, que as pessoas não davam feedback. Decidiram então colocar uma caixinha de sugestões perto de uma câmera de segurança. Claro que ninguém depositava nada nessa caixa. Só quando mudaram de lugar é que começaram a chover sugestões", lembra. [*A pesquisadora*] alerta também que a comunicação é um processo ininterrupto que precisa de investimento constante para que a empresa conquiste credibilidade junto ao seu quadro de funcionários. "Comunicação é uma ação contínua. Também não adianta lançar uma *newsletter* e nunca mais publicá-la".

Outra atitude que pode comprometer a comunicação é o despreparo do líder ou o descaso dele para com a importância do tema. Ainda na mesma matéria, o então diretor da consultoria 4hunter contou que havia trabalhado em uma empresa em que a comunicação simplesmente não acontecia. A organização passava por um momento de crise, havia corte de funcionários toda semana e ninguém recebia nenhuma informação sobre o que acontecia.

De repente, o alto executivo da companhia chamou o pessoal para uma reunião. Todos a postos ouviram a boa notícia. Segundo o principal líder, a comunicação, a partir daquele momento, iria fluir. "'Logo depois de acabar de falar, ele entrou de novo em sua sala e não saiu mais', lembrou o consultor".

Como foi possível perceber ao longo deste livro, há uma estreita ligação entre liderança e comunicação. Tanto na primeira parte quando nesta, em que são apresentadas práticas de comunicação de empresas. Cabe ao líder um papel importante no processo comunicacional, o que exige dele um perfil ou competências específicas para essa função.

Esses aspectos foram tratados na matéria *A construção do líder*, de maio de 2013, que abordava como algumas empresas cuidavam da formação e desenvolvimento de suas lideranças e que características mais valorizavam e focavam nesse processo. Na IBM, por exemplo, o bom líder precisava ter capacidade de comunicação, influência e saber *fazer acontecer* como características fundamentais.

> Diante das novas tecnologias e tendências mundiais, o líder também deve estar sempre atualizado, ciente do impacto que essas influências podem ter no negócio. "Costumo dizer que o líder deve ser o filtro da organização para seus funcionários e o amplificador deles para a organização" [*disse, na época, o gerente de desenvolvimento de liderança da IBM Brasil*].

Outra empresa citada era a Bunge. Lá, o bom líder conseguia motivar as pessoas a fazerem mais do que o estritamente necessário. "Quando ele inspira sua equipe, as pessoas são mais inovadoras", afirmou a então vice-presidente de gente e gestão da Bunge Brasil. E tanto pessoas introvertidas quanto extrovertidas tinham, segundo a executiva, potencial para atingir a liderança, pois atitudes podem ser ensinadas, como a boa comunicação e a abertura para o diálogo.

Finalmente, na incorporadora Brookfield, além de ser um exemplo para os liderados, os líderes tinham de representar a cultura organizacional, transformando a teoria em prática. A liderança era tida como a maior responsável por manter viva a cultura da empresa, por meio de sua postura, gestão de equipe, processos e controles, explicou, na época, a diretora de RH da empresa. E entre as características mais desejadas pela empresa nos interessados em fazer parte da liderança da incorporadora estavam integridade, comunicação clara e objetiva, trabalho em equipe, foco em resultados e nos clientes.

Em algumas empresas, a presença do líder como um agente comunicador faz parte do DNA. Era o caso da Braskem, como mostrava a matéria *Como formar um líder*, maio de 2011:

> A petroquímica é controlada pelo grupo Odebrecht e utiliza a conhecida Tecnologia Empresarial Odebrecht (TEO), desenvolvida há mais de 65 anos. Alguns dos pilares da TEO são a autonomia, a descentralização e o espírito de servir. Outra chave é a pedagogia da presença, que pressupõe líderes educadores que dediquem tempo com seus funcionários diretos para transmitir experiência e dar um bom exemplo.

Na Gazin, destaque na categoria comunicação da lista MELHOR/ GPTW de 2014, o líder também tinha um papel importante no arsenal de recursos disponíveis para a comunicação interna da empresa, que incluía reuniões, *e-mails*, intranet, murais, vídeos, atas, *skype*, palestras, teleconferência e outros.

Segundo o relato da então diretora de recursos humanos da companhia, na matéria *Visão de futuro*, de outubro de 2014, a alta direção se comunicava de forma constante com os colaboradores pessoalmente, por meio de palestras, visitas às filiais, setores, unidades e pela Rádio Gazin.

> "A premissa da Gazin é que o funcionário não se engaja se não sabe o porquê. Por isso, cabe aos líderes manter o processo contínuo de gestão do conhecimento, principalmente nos momentos de

> frustração. Muitas coisas que nos desagradam precisam ser conversadas para que possamos crescer e planejar evoluções", observa a executiva.

Esses líderes eram orientados diretamente pelo presidente em reuniões mensais. Nelas, o CEO apresentava números da empresa por unidade de negócio e recados que precisavam ser compartilhados com os demais membros da equipe. Quando o presidente não podia falar pessoalmente, ele e os diretores elaboravam vídeos, enviavam mensagens de celular ou ligavam para transmitir seus recados. Outra ação era a *reunião do bom dia*. Diariamente, antes de se iniciar o expediente, os líderes reuniam suas equipes para atualizá-las sobre o andamento dos negócios da empresa e das metas diárias.

Em outros casos, os líderes participavam da comunicação ou de um processo de comunicação indicando *Anjos da Guarda,* como acontecia na Radix, mostrado na matéria *Boas-vindas com o pé direito,* de outubro de 2013. Tratava-se de uma forma de receber os novos funcionários, usando todos os recursos de comunicação. E foi por essa razão que a Radix era o destaque na lista MELHOR/GPTW na categoria *Hospitalidade*.

Como era o trabalho do anjo da guarda, segundo a matéria: cada departamento contava com um *querubim,* uma pessoa extrovertida, sociável e de bom relacionamento com todos, eleita pelo gestor, para recepcionar o novo funcionário e transmitir a ele os valores da organização. Todos esses *anjos* eram avisados pelo RH por *e-mail* sempre que havia uma contratação, para que já conhecessem o perfil de quem estava chegando e tomassem as providências necessárias para a sua recepção.

> "No primeiro dia de trabalho, o novo funcionário é recebido pelo Anjo da Guarda, que tem a função de apresentá-lo às áreas, explicar o que cada setor faz, conduzi-lo nas tarefas do trabalho e levá-lo para almoçar. Isso faz com que este novo radixiano seja rapidamente acolhido pela empresa e por seus colegas de trabalho, trazendo um bem-estar não só para o novato, mas também um sentimento gratificante para os anjos da guarda", destaca [*o então CEO da Radix*].

> (...) No dia da integração, o novo funcionário recebe o chamado *kit* de boas vindas, composto pelo pé esquerdo da citada sandália, mochila, bloco, caneta e o *passaporte do conhecimento*, que á uma caderneta onde serão registradas as presenças dele em atividades da universidade corporativa da companhia.

Vale lembrar, ainda, que as boas-vindas aos novos funcionários começavam com uma *tuitada* no Twitter da Radix para que todos os radixianos e seguidores da empresa ficassem sabendo quem eram os novos integrantes da equipe. A mensagem, segundo a empresa, para quem chegava era "Sinta-se em casa". Mas é sempre mais fácil sentir-se em casa quando quem é líder dá o exemplo.

2.9 ... Ir Aonde o Povo Está

A Comunicação do Principal Líder

Santa Cruz do Capibaribe era a maior produtora de confecções de Pernambuco, segundo estimativas do Serviço Nacional da Indústria (Senai), em 2013. Isso significava que a terceira maior cidade do agreste pernambucano era um dos maiores polos do segmento no Brasil. E é lá que estava a empresa Rota do Mar.

Com ações arrojadas de *marketing*, combinadas com a qualidade de seus produtos e preços competitivos, a empresa, especializada no segmento de *street wear* e surfe, não esperava outra coisa senão atingir o objetivo de ser a maior e melhor do setor no país. Para tanto, investia no relacionamento com seus colaboradores.

A missão, visão e valores da empresa criada em 1996 eram lembrados em todas as reuniões mensais de cada setor; todos os funcionários conheciam o planejamento anual; as metas a serem atingidas no ano; as que foram atingidas no ano anterior. Isso, conforme mostra a matéria *Opção "curtir"*, da edição de outubro de 2013, reforça a responsabilidade de cada um para que possa atingir o planejado, *jogando junto* em uma equipe.

Em caso de dúvida, bastava colocar a comunicação com a liderança para funcionar. Ou melhor, bastava acionar o poder do diálogo. Mais fácil: bastava falar com o presidente da empresa. Essa proximidade com o principal líder e a transparência nos objetivos ajudaram a fortalecer a credibilidade no ambiente e na gestão da companhia, o que tornou a Rota do Mar uma das melhores empresas para trabalhar daquele ano e um dos destaques da lista do GPTW com a revista MELHOR daquele ano na categoria *Credibilidade*.

> "O segredo para a construção de um excelente ambiente de trabalho está em criar uma cultura de confiança. Da mesma forma que nas relações familiares e pessoais, a confiança garante velocidade na organização, e com isso menores custos, estimula o trabalho em equipe, gera orgulho pelo trabalho realizado, cria um ambiente de credibilidade, respeito e imparcialidade", diz [*o então CEO do GPTW*].

E nada melhor do que a confiança criada a partir do relacionamento com os principais líderes da organização. Na Gazin Indústria e Comércio de Móveis e Eletrodomésticos, a presença do fundador da companhia também tinha um forte impacto na comunicação.

Peregrinação corporativa

Como uma grande família. Assim nasceu e funcionava, há mais de 50 anos, a Gazin Indústria e Comércio de Móveis e Eletrodomésticos, na cidade de Douradina, no Paraná. Criada por Mario Gazin, ela contava, em setembro de 2012, com mais de 7 mil colaboradores, diretos e indiretos, e somava negócios diversos em mais de dez estados brasileiros, entre eles atacado, varejo, consórcio, indústrias de colchões, estofados e espuma. Para entender como manter esse contingente em um mesmo caminho todo esse tempo, era preciso entender o papel de seu principal líder:

> "O *seu* Mario sempre deixou muito claro para todos os funcionários, por meio de cartilhas, cartazes e recados espalhados pela empresa, quais eram as metas e objetivos", explica a gerente de gestão de pessoas da empresa. "Ele sempre foi um homem forte e consegue fazer com que as pessoas realmente acreditem naquilo que ele acredita".

Como diz a matéria *Tradição preservada*, de setembro 2012, a história do fundador da Gazin explicava, em parte, por que a valorização pessoal era fortemente incentivada. Filho de lavrador, ele fundou a empresa com o dinheiro da venda de um jipe velho da família. Sempre que podia, ele mantinha o contato com os funcionários, que sabiam exatamente o que a empresa queria deles:

> "(...) quando ele vai visitar as indústrias, ele quer saber como as pessoas estão, como está o trabalho, a vida. Os funcionários sabem que serão reconhecidos e se esforçam para fazer o melhor". O ponto forte da Gazin é que lá cada funcionário sabe, exatamente, o que se espera dele. (...) "Aqui, todos podem falar, sugerir e pedir ajuda", diz Viviane. "E todos sabem, também, quais são as metas". Memorandos são distribuídos para que todos saibam quanto devem atingir as vendas, faturamento e lucro naquele ano.

Nessa edição, a Gazin figurava na lista MELHOR/ GPTW, sendo destaque na prática *Missão, visão e valores*. A matéria informava ainda, que a ideologia da empresa fora definida em um fórum de discussão, formado por representantes de todas as áreas. E o conteúdo compilado dessa reunião, contendo a missão, visão e valores da empresa, ficava disponível para todos os funcionários.

Quem também ia até os funcionários, de acordo com a matéria *Humanizar a gestão*, de maio de 2013, era o então diretor-presidente da Elektro, concessionária de distribuição de energia. Por meio do programa *Encontro Elektro*, ele e os demais diretores da companhia percorreram mais de dez mil quilômetros para visitar funcionários em todas as cidades em que a companhia atuava. O objetivo desse esforço todo era reforçar o papel de cada um dos funcionários da Elektro como protagonista da própria vida e, por tabela, da empresa.

Os colaboradores eram incentivados a cultivar sua vida pessoal nos mais diferentes aspectos, seja saúde, família e comunidade. "'A vida deles acontece lá fora enquanto estão aqui na empresa. Por isso, precisam trabalhar tranquilamente de forma que todas as outras partes integrantes de sua vida estejam em harmonia', esclarece o diretor-presidente".

No *Encontro Elektro* não era hora de falar em resultados nem metas, mas de realizações pessoais. "'Multiplicamos bons exemplos, valores pessoais, nossas felicidades e desafios, e fazemos um pacto de que vamos vencer juntos', afirmou o diretor-presidente".

Gente como a gente

Com a missão de cuidar da comunicação e da gestão de pessoas de seus dois mil funcionários – distribuídos em 12 estados, nas empresas clientes –, a Apetit Serviços de Alimentação também tinha em sua presidente um de seus principais canais de comunicação. A executiva se organizava para visitar periodicamente os funcionários para passar mensagens-chave e direcionamentos organizacionais. Além disso, abriu o canal *Fale com a Presidente*, no qual respondia pessoalmente pedidos, dúvidas, críticas e elogios.

> "Comunicação com resultado se dá no olho no olho, transmitindo sinceridade, transparência e respeito. Esses são os aspectos que fazem o colaborador acreditar e confiar na empresa em que está inserido. Outros meios de comunicação, como mural, *e-mails*, jornais, são importantes, mas nunca devemos esquecer o olho no olho", avisa a presidente.

Na mesma linha, o presidente da Mexichem Brasil visitava cada uma das plantas da companhia, conversando com 100% dos colaboradores e das lideranças nos três turnos de trabalho, para compartilhar as principais informações da empresa. As visitas criavam um espaço para que os colaboradores tirassem suas dúvidas e permitiam que as pessoas manifestassem suas opiniões e que percebessem, mais rapidamente, o que acontecia com elas no dia a dia de trabalho.

Ao permitir que as principais lideranças da empresa, no caso os presidentes, se aproximem dos funcionários, aumentando a interação, passando a ouvir frente a frente as ideias e dúvidas desses colaboradores, esse tipo de iniciativa pode contribuir muito para vencer um dos obstáculos da comunicação: a hierarquia.

De fato, em alguns casos, a comunicação não é bem-sucedida não por falta de uma avaliação correta sobre o público-alvo ou pela escolha inadequada das ferramentas e canais, mas pelo próprio modelo de gestão da empresa, baseado em sistemas rígidos de hierarquia. Esses modelos não permitem que a comunicação flua com a qualidade e na velocidade necessária. Para resolver isso, a pesquisadora em comunicação empresarial indicava duas possíveis saídas:

> "No Brasil, a questão da hierarquia e do poder muitas vezes faz com que o único decisor seja o presidente da empresa, que geralmente não pensa em comunicação. Nessa situação, uma decisão para o chão de fábrica é tomada por esse executivo que não conhece a realidade de quem atua na ponta. A comunicação então não acontece", avalia, acrescentando que em um cenário assim só há duas soluções: a saída do executivo ou uma mudança de cultura a longo prazo.

Em empresas menores esse problema pode nem existir, como é o caso citado na matéria *Falar, ouvir e entender* (de 2012), da Luxo Embalado, companhia que representava no Brasil os produtos alimentícios da canadense Dare. Lá, as decisões eram centralizadas em apenas três pessoas, o que, na opinião de seu então diretor-presidente, facilitava uma comunicação eficiente, já que não havia uma grande hierarquia. Os sócios mantinham contato diário, independente do horário ou do meio de comunicação (telefone, *e-mail*, *WhatsApp*, Facebook ou reunião presencial). O então diretor-presidente, no entanto, destacou o uso constante do Facebook:

> "Entre nós, os sócios no Brasil, utilizamos as facilidades de um servidor virtual que nos avisa de cada mudança no cronograma de implementação dos quiosques, planilha de custo, planejamento de eventos, entre outros controles, mantendo assim o *board* alinhado quanto ao andamento dos planos operacionais, além de mantermos contato diário por telefone, *e-mail* e Facebook, tendo nessa última ferramenta um aumento significativo de utilização nos últimos meses."

Usar canais digitais para falar com o presidente também era uma estratégia da L'Oréal, como retratado na matéria *Do papel para a prática*, de março de 2013. Em especial para falar de um tema muito em voga: ética.

Uma das primeiras na França a criar, em 2000, um código de ética empresarial, a fabricante de cosméticos criou o *Dia da ética*, no qual os colaboradores e o presidente e CEO do grupo podiam ter uma conversa aberta, pela internet. Na ocasião, ainda, os funcionários de cada país onde a empresa possui filiais podiam também utilizar o *webchat* para falar com o presidente de seu próprio país, para a troca de ideias e para o esclarecimento de dúvidas sobre a ética na L'Oréal.

Deixa que eu respondo

Na edição de setembro de 2006, na matéria *Alta fidelidade*, a respeito das práticas de comunicação da Losango (prática na qual ela foi destaque na lista MELHOR/ GPTW), o leitor tem uma ideia de como o tema é visto na empresa:

> "Temos de comunicar; é essa a nossa maneira de dizer aos nossos colaboradores que eles são importantes". Assim, numa linha de raciocínio tão direta quanto importante, é que o executivo-chefe da Losango define a importância da comunicação dentro da empresa, que atua na área de serviços e produtos financeiros. A ideia é fazer com que as informações circulem e cheguem a todos os pontos onde a Losango está representada: em mais de 2,6 mil municípios brasileiros. "O que a companhia pensa no Rio de Janeiro pensa em Boa Vista e pensa o mesmo em Manaus. Somos uma empresa nacional e a comunicação deve ser clara e muito direta para atingir todos os pontos", conta o executivo.
>
> (...)
>
> "Procuramos contar para todos tudo o que acontece na empresa, É um ambiente de altíssima confiança", afirma. Um exemplo disso, exemplifica, é uma reunião mensal com a participação de todos os funcionários da sede para prestar contas sobre a *performance* da empresa.

Na Losango, a comunicação ficava sob o comando de uma área de *endomarketing*, criada havia 12 anos, e que se reportava diretamente à alta liderança. Seu papel era fortalecer a comunicação interna. Para isso, tinha entre as principais ferramentas de comunicação a TV Losango (programa mensal com reportagens sobre projetos em andamento, informações úteis para os colaboradores e quadros interativos, com participação dos próprios funcionários, que enviam vídeos e são fontes para entrevista), um jornal mural, *e-mails marketing* com notícias, jornal *on-line* com dicas de segurança, e uma rádio corporativa apresentada pelos trabalhadores. Além disso,

> também criou a figura do Colaborador Correspondente, responsável, em cada localidade, pela multiplicação das informações e do funcionamento da comunicação interna. Isso sem contar campanhas pontuais, que podem ser de acordo com demandas específicas.

Essas campanhas pontuais talvez justificassem a comunicação estar em *endomarketing*. Mas antes de destacar outro canal importante da Losango, vale dizer que na Cia. Hering, segundo a matéria *Ainda o que prevalece é o olho no olho*, de maio de 2014, também havia algo parecido com o Colaborador Correspondente. Eram os *Agentes de Comunicação*, colaboradores de várias áreas que atuavam voluntariamente em prol da comunicação interna.

Mas voltando à Losango: a matéria *Alta fidelidade* apresentava também outra ferramenta muito útil da empresa, na opinião do seu executivo-chefe. Era o *Bate papo com [ele]*, em que ele recebia perguntas diretamente dos funcionários e, garantia, respondia a todas pessoalmente. Até o final daquele ano, por suas contas, o número de mensagens chegaria a cerca de 1,2 mil. Mas isso não importava:

> "Os colaboradores são realmente protagonistas da comunicação, eles chegam a mim sem filtro", afirma. Para ele, são ações do tipo que ajudam a garantir, por exemplo, engajamento de 88% dos funcionários e qualidade de atendimento ao cliente. "Acreditamos que o colaborador feliz, bem informado e seguro do que a empresa quer, atende bem o cliente. Isso gera resultados e garante um círculo virtuoso".

Na empresa de engenharia e tecnologia Radix, a comunicação era vista como uma das principais ferramentas para crescer mais. Não por acaso, foi o destaque na prática *Comunicação* da lista MELHOR/ GPTW em 2012. "O grande problema das empresas não é o que elas fazem, mas como elas fazem. E a base desse *como* e de todo bom relacionamento interno é a comunicação", afirmou a então diretora de RH da companhia, na edição de setembro de 2012. E parte desse *como* envolvia a participação do presidente da empresa:

> (...) Até o presidente exerce papel efetivo na comunicação. Sem data certa nem hora marcada, e de maneira informal, ele conversa com os funcionários, os informa de qualquer movimentação estratégica da empresa, os parabeniza pelos projetos executados e mantém os ouvidos atentos às demandas, afirma Mônica. "A aproximação do presidente é importante e efetiva em manter os funcionários inseridos – eles se sentem sócios, donos da companhia", afirma.

A comunicação na Radix, aliás, já podia ser notada logo ao se chegar à empresa, como se percebe pelo texto:

> Quando alguém chega ao escritório da Radix em Belo Horizonte (MG), dá de cara com um aparelho de televisão no qual rodam, de minuto em minuto, notícias sobre as ações e os projetos da empresa. Ao passar pelos corredores, o jornal mural lembra os aniversariantes do mês, dá dicas de alimentação e conta as novidades da empresa. Por e-mail, os funcionários também recebem os informativos, bem como podem manter-se atualizados via intranet. E comentam tudo isso nos canais de relacionamento convencionais, como Facebook e Twitter, ou afinam debates no Yammer, rede social interna.

Na matéria *Comunicar bem para produzir mais*, de setembro de 2012, a então executiva de RH deixava claro que o desafio de comunicar-se bem sempre esteve no DNA da companhia. Contudo, foi quando ela assumiu a tarefa de estruturar um departamento de RH em fevereiro daquele ano, que a comunicação tornou-se, na prática, um valor. E meios não faltavam para a empresa comunicar-se com os colaboradores. A ideia, segundo a executiva, era fazer com que os funcionários se sentissem como parte efetiva da empresa.

> A rede social interna, considerada por ela uma das ferramentas de comunicação mais importantes da companhia, efetua bem esse papel. A iniciativa de criar uma comunidade no Yammer – pla-

taforma para empresas criarem a própria rede social – partiu do próprio perfil dos funcionários da Radix: jovens e conectados. "Foi pensando na característica do funcionário que gosta de contribuir com ideias que criamos a rede", conta.

Apesar da aderência do perfil à ferramenta, a empresa teve problemas de adesão no início. "Fazer com que o funcionário tenha o hábito de *logar* é um desafio diário", diz. O primeiro passo foi tirar a desconfiança natural de que a rede era um meio de vigilância. E isso foi feito com muita divulgação e criação de competições no ambiente *on-line*. Além disso, mesmo com o Yammer, a empresa não vetou o uso de outras redes sociais. "A ideia não é obrigar [*o uso da rede social interna*], mas fazer com que as pessoas sintam-se à vontade e confiem na empresa, da mesma forma que nós confiamos nelas", afirma.

Além do Jornal Mural e do Yammer, a empresa também contava com outros canais:

TV Radix: canal corporativo que exibe notícias curtas sobre a empresa e veicula vídeos institucionais. Fica apenas na entrada da companhia, para evitar períodos longos de distrações.

Radix Minuto: programa produzido pela empresa, que passa na TV Radix e informa os funcionários sobre tudo o que acontece na e com a empresa. Por meio do programa, os funcionários sabem dos campeonatos internos e também recebem dicas de qualidade de vida.

Conversa com o presidente: sem dia e hora certa para acontecer, a conversa com Luiz Rubião também é meio de informação mas, principalmente, de integração. É nesse momento que o funcionário pode levar possíveis demandas e entender ainda mais o papel que tem na empresa.

Todos esses canais, ainda segundo a matéria, tinham conteúdo integrado. A ideia era atingir o funcionário de alguma forma, para que soubesse o que estava acontecendo.

PARTE 3

Você é Quem Diz

A Comunicação Opinada

Nem só de notícias vive uma publicação. Além de matérias e entrevistas, um veículo de imprensa conta também com uma parte opinativa, que complementa ou aprofunda a visão que o conteúdo jornalístico traz. No caso da revista MELHOR – Gestão de Pessoas, os espaços destinados à opinião dividem-se em dois: seções fixas (*Estratégia, Ponto de Partida, Drops Gerenciais* e *Abre Aspas*) e não-fixas (em geral, sob o chapéu *Pensata*).

Nesta terceira parte é apresentado um balanço dos 14 artigos publicados na revista que tratam do tema comunicação e de suas principais implicações.

3.1. Ô Abre Aspas Que Eu Quero Falar!

Executivos e Especialistas Tratam da Comunicação

Em *Tempos Modernos*, de 1936, Charles Chaplin realiza diversas peripécias na linha de produção de uma fábrica. Memorável a cena em que ele é engolido por uma grande engrenagem. No artigo *Integração nos tempos pós-modernos,* de junho de 2014, o autor traz esse filme à tona, afirmando ser um trabalho emblemático, entre outras razões pelo fato de o personagem não se entender como gente, transformando-se mais em máquina do que em qualquer outra coisa. "Faz o que faz não porque entende o que faz, mas por simples repetição. Não enxerga o seu papel, portanto não se reconhece no resultado, não se vê no todo". Esse é gancho para o autor questionar se ainda há pessoas trabalhando como Carlitos, alienadas.

> Parece um pensamento óbvio. Todos precisam conhecer o funcionamento do geral, pois se não houver uma visão mais holística da empresa e de seu trabalho, estará alienado. Não digo que é preciso conhecer o trabalho minucioso de todas as áreas, o que seria impossível, mas já calhei de conversar com funcionários que não sabiam sequer que existiam determinados departamentos dentro de sua companhia. Outros não sabiam nem mesmo quem é o dono

> da organização onde trabalham ou o nome do colega ao lado, que dirá os objetivos perseguidos. Integrar não faz mal a ninguém, pelo contrário.

Compartilhar informações com os funcionários não parecia, dizia o autor, ser o forte em muitas empresas. Para demonstrar isso, ele citava um estudo realizado em 12 países, incluindo o Brasil, em 2008, pela Proudfoot Consulting (atualmente Alexander Proudfoot Company). O levantamento mostrava que dentre os cinco principais problemas das empresas, apontados por mais de 1.200 executivos ao redor do mundo, as falhas de comunicação interna apareciam em segundo lugar, perdendo apenas para a falta de qualificação profissional. No Brasil, os tons eram mais fortes:

> "[Aqui] as falhas na comunicação pulam para o primeiro posto, abarcando 47% dos entrevistados do país, o que significa quase o dobro da média global (25%). Dentre os motivos elencados, podemos ressaltar o fato de alguns gestores guardarem informações estratégicas para si em vez de transmiti-las aos seus funcionários. Falta transparência, o que faz com que eles percam a motivação e não saibam quais os objetivos empresariais (perdendo até mesmo o sentido de seu próprio trabalho)".

Como se percebe, o autor mostra que os próprios gestores contribuíam para a alienação, quando seu papel é exatamente o oposto. "(...) Investir em comunicação e pensar à frente são boas maneiras de evitar que o problema desponte. Os gestores precisam assumir responsabilidades; quem não instrui, não integra", escreveu.

Por falar no papel dos gestores, o artigo *Habilidades certas*, de novembro de 2011, destacava um estudo realizado pela Universidade Harvard, nos EUA, que mostrava que entre 70% e 90% do tempo de trabalho de um líder deveria ser dedicado a alguma forma de comunicação. "Para liderar, é preciso comunicar", afirmava a autora desse novo texto.

Apesar disso, ela também reforçava que os problemas de comunicação estavam entre as principais causas dos conflitos entre líder e colaborador, comprometendo o desempenho das equipes.

> "Quantas vezes ouvimos um líder se queixar que o colaborador não compreendeu o que era para fazer – e o colaborador reclamar que não é compreendido pelo chefe? Se formos averiguar, muitos mal-entendidos se originam de *briefings* vagos, *e-mails* confusos, *feedbacks* desastrados ou da dificuldade do líder em ouvir atentamente o que o colaborador tem a lhe dizer, entre outros fatores".

Para ajudar quem está interessado em ser um líder comunicativo, a autora aconselhava desenvolver três habilidades:

1. A habilidade da escuta ativa: ouvir com toda atenção, sem julgamento e com a intenção genuína de entender o que a outra pessoa fala.
2. A habilidade da congruência: a harmonia entre o que dizemos, demonstramos e fazemos.
3. A habilidade da desconstrução: traduzir palavras em ações observáveis, de modo que o outro entenda o que temos em mente.

Além da analogia com o filme de Charles Chaplin, a revista MELHOR também trouxe outra imagem para falar de comunicação. O artigo *O risco da emissão*, de novembro de 2013, compara o processo comunicacional ao preenchimento de um cheque para mostrar como esse processo é importante.

Assim, dizia seu autor, quem emite um cheque deve escrever os números de forma legível. E para evitar duplos sentidos, precisa escrevê-los também por extenso, para reforçar a mensagem em outra abordagem. Esse *emissor* deve contextualizar o conteúdo, ou o valor, no tempo e no espaço, determinando o nome da cidade e a data. Deve também assumir a responsabilidade sobre o cheque, assinando-o.

O autor de *O risco da emissão* lembrava mais um detalhe:

> "Em comunicação, assim como em uma folha de cheque, é fundamental que os espaços que sobraram sejam preenchidos. A razão é simples: onde falta informação, sobra espaço para a imaginação. E em se tratando de imaginação, dificilmente você, como emissor da mensagem, terá algum controle sobre aqueles a quem a dirigiu. Se sobrou espaço, alguém poderá preenchê-lo, algumas vezes por

> maldade ou, na maioria dos casos, não apenas pela ignorância, mas pela tendência que temos de completar o final das histórias que nos chegam com base em nossas próprias perspectivas e pontos de observação, interferindo em sua forma e conteúdo a cada vez que as levamos adiante".

Na prática, o nome disso é boato. "E se houver maldade – acredite, o ser humano ainda é cheio dela –, o nome passa a ser fofoca", escreveu o autor. Outro aspecto apontado por ele é ter a certeza de que a mensagem tenha sido endereçada para o público certo:

> "Certificar-se de que o cheque chegou ao seu destino certo, foi recebido e compreendido. É onde entra a prática do *feedback*, que marca o bom líder (...) que luta pelo bom combate em comunicação. Um combate em que a eficiência não se mede por aquilo que ele fala, mas por aquilo que seu público-alvo compreende, sempre consciente de que, nesse caso, a responsabilidade é toda dele".

A única diferença entre a comunicação e uma folha de cheque para o autor é que sustar um cheque é um pouco mais fácil do que sustar uma mensagem disparada sem qualquer tipo de preocupação com esses detalhes.

Sem medo de ser feliz. E inovador. E engajado

Por essas e outras razões é sempre bom investir em comunicação. E outros artigos reforçavam isso. Em *Há gestão sem comunicação interna?*, de maio de 2014, lemos algumas pesquisas que revelam que:

1. Um time engajado significava uma rentabilidade cerca de 22% maior (segundo o estudo *State of the American Workplace*, do Gallup, de 2012).
2. Ter programas eficientes de reconhecimento de funcionário ajudava a empresa a ter um *turnover* voluntário 31% menor do que outras com iniciativas pouco efetivas dessa natureza (*The State of Employee Recognition*, da Deloitte, de 2012).

3. O custo gerado pela desmotivação de um funcionário que não se sentia à vontade para assumir sua orientação sexual podia equivaler de 7% a 15% do valor do salário pago a ele (como indicavam dados do *Center of Talent Inovation*, de 2011).

A partir desses dados, a autora desse artigo destacava o potencial da comunicação, quando bem realizada. Mas fez essa demonstração por outro caminho, mostrando que muitas empresas estão longe de uma rentabilidade maior pelo engajamento dos funcionários, ou de um *turnover* mais baixo, ou estão mais próximas de um custo maior gerado pela desmotivação de um funcionário que tem receio de admitir sua opção sexual porque não tem uma comunicação efetiva. Ela explicava:

> "Porque apenas 58% dos (...) empregados sabem que (...) [a] empresa oferece (...) sólido programa de reconhecimento (...), de acordo com dados da pesquisa da Deloitte de 2012! E somente 47% dos (...) líderes são eficientes o bastante ao partilhar com os empregados o propósito (e as metas!) da organização – ou seja, 53% da sua liderança não é efetiva em engajá-los. E por fim, em pesquisa recente com um cliente, um dado assustador: somente 36% dos empregados desta indústria se sentem confortáveis em expressar o que verdadeiramente são".

Ela complementava, afirmando que "sem um forte processo de comunicação com empregados, muitos (...) [dos] esforços de gestão serão em vão".

> "Sem uma comunicação interna estratégica, calcada em diálogo e transparência – por melhores que sejam as iniciativas, projetos e políticas da sua organização – nada será claro, crível e observável o bastante ao ponto de mobilizar os empregados de forma superior em busca dos objetivos do negócio".

Além dos números apresentados nesse artigo, uma boa comunicação com os funcionários também traz outros reflexos. Um deles refere-se à inovação. E qual a essência disso? De acordo com o artigo *O caminho da inovação*, de junho de 2013, trata-se de questionar as crenças existentes e desafiar a lógica convencional. Inovação é pensar diferente. E como promover a criatividade e sair do círculo da mesmice que desmotiva os colaboradores na empresa?

A autora desse texto respondia de pronto: construindo um clima propício para que as pessoas criassem vínculos e escolhessem engajar-se, comprometer-se com os objetivos da organização. E aqui entra a comunicação, em especial a da liderança:

> "O engajamento, que é um processo emocional, está diretamente ligado à capacidade das lideranças de se comunicarem com as equipes, para que estas se sintam capazes de contribuir e participar. Além disso, a empresa precisa comunicar com clareza seus objetivos, já que é muito difícil as pessoas se mobilizarem para uma causa se não têm clareza a respeito dela".

Ou seja, uma comunicação que vai além dos canais e veículos e tenha os líderes exercendo seu papel nesse processo, é capaz de promover um clima propício à inovação, por meio de espaços de falas livres. Isso sem contar que também contribui para aumentar o engajamento.

Tema recorrente em gestão de pessoas e em comunicação, o engajamento também esteve presente em muitos artigos publicados em MELHOR. No texto *Visão sistêmica do engajamento*, de setembro de 2014, seu autor conta que engajar significa comprometer-se, tomar posição, conectar-se. Por isso defende que cada profissional deve entender o propósito da empresa, compartilhar objetivos comuns e ter consciência do significado do seu trabalho. Nesse ponto, ele levantava uma questão importante:

> "No processo de integração de um novo colaborador, muitas empresas preocupam-se em comunicar ao profissional a história da companhia, o escopo do trabalho, suas obrigações e tarefas. O que vai fazê-lo comprometer-se não são essas informações (...), mas mostrar o sentido amplo das atividades no trabalho e o despertar da consciência sobre sua importância e impacto na cadeia à qual aquela empresa pertence".

Ele reforçava ainda que passar esse propósito e dar à equipe um sentido de importância do trabalho é papel do líder. "O trabalho tem uma motivação, um fim relevante e útil. É uma contribuição para a empresa, para a sociedade e para o próximo".

Faltam os balõezinhos

O investimento pesado apenas em canais para melhorar a comunicação interna também é tratado pelo autor do artigo *A mesma língua*. Apesar disso, muitas empresas ainda não percebiam os resultados esperados e passavam a questionar onde estaria o erro. "A resposta está na ausência do ouvir, na fraqueza dos relacionamentos entre as lideranças e suas equipes ou mesmo na carência do exercício básico da troca de ideias", escreveu no texto publicado em setembro de 2014.

> "A falta do diálogo, de abertura à conversação e à troca de ideias, opiniões, impressões e sentimentos são, sem dúvida alguma, o grande problema que prejudica o funcionamento de organizações. A comunicação corporativa é um processo diretamente ligado à cultura da empresa, ou seja, aos valores e ao comportamento e atitudes das suas lideranças e às crenças dos seus colaboradores. Não adianta a empresa importar modelos de controle de qualidade e sistemas de tecnologia da informação se internamente não existe um ambiente de abertura para a conversação e a troca de opiniões".

Dessa forma, o autor reforçava que "conflitos, brigas e disputas internas entre diretores, gerentes e funcionários são consequências muito comuns e constantes nas empresas que desconsideram a importância do diálogo". São aquelas que valorizam mais os instrumentos do que o saber ouvir e dialogar.

Razão ou solução?, de abril de 2014, também aborda a importância do diálogo a partir dos fatores imprescindíveis para a sua existência: liberdade, respeito e discernimento. Estes, juntos, criam a trilha do mundo civilizado, mas quando um deles falta..."Quando falta liberdade, a pessoa não se manifesta; quando falta respeito, ela inibe a outra; e quando falta discernimento, a conversa não tem valor", escreveu seu autor. O que é uma pena, na avaliação dele, pois

> "como se sabe, é do diálogo que nasce o entendimento, e é por meio de sua prática que as ideias são ampliadas. A liberdade para expressar sua opinião pressupõe o respeito do outro em ouvi-la, ainda que não mude a sua em um milímetro sequer. E é esse exercício que colabora para o aumento do discernimento, da clareza do pensamento a respeito de um fato qualquer. (...) Mas não pode ser uma conversa qualquer. Primeiro, tem de ter conteúdo, segundo tem de ter fluxo, ser um diálogo. Não há nada mais maçante do que um monólogo a dois".

A importância do diálogo também foi tratada em outro texto, agora em novembro de 2014, uma vez que, segundo seu autor, é por meio da conversa que as mudanças de comportamento e de opinião de uma pessoa podem ocorrer. No artigo *A arte de influenciar pessoas,* ele afirma que "a mente processa e arquiva informações de diversas formas. Cada ideia que temos é representada ou por uma imagem ou por um som ou por outros tipos de signos mentais. Para [*mudá-las*], (...) é necessário portanto remodelar essas roupagens (...). E isso pode ser feito de várias maneiras, inclusive conversando".

Em *Os diálogos, como devem ser,* de dezembro de 2014, o autor trata da Comunicação Não Violenta (CNV), criada pelo psicólogo americano Marshall Rosemberg, e seus benefícios dentro e fora das empresas. A partir dos quatro passos básicos da CNV (observação sem avaliação, expressão de sentimentos, reconhecimento das necessidades e pedido do que se precisa), ele reforça a possibilidade de termos mais benefícios da comunicação, para além da empresa:

> "Um caminho importante para construir uma sociedade na qual possamos ter mais qualidade de vida está no exercício de processos comunicacionais diferentes, mais pacíficos e humanizados. Se pessoas, grupos sociais e Estados puderem se comunicar de forma menos violenta, as relações humanas serão menos turbulentas e a qualidade de vida de todos melhorará".

A questão, no entanto e como o autor coloca, é se estamos diante de uma utopia ou de uma possibilidade real.

Estar colado no funcionário. E a empresa como um ímã

Mais um reflexo positivo de uma comunicação com os empregados eficiente é retratado no artigo *A razão de ser*. Publicado em agosto de 2014, ao destrinchar o que torna uma empresa atrativa para os talentos, como Facebook e Google, o texto destacava um fator: um ambiente positivo, sadio, de trabalho.

> "Acontece que esse ambiente positivo só será sustentável no tempo se houver a identificação do sentido e da razão desse ambiente com os valores e a cultura organizacional. (...) São os valores e princípios compartilhados entre líderes e liderados que irão, com o tempo, firmar uma base de práticas, atitudes e comportamentos que, no seu conjunto, darão firmeza e sustentação aos traços de uma cultura corporativa singular, capaz de atrair e reter os talentos produtivos. (...) São as relações de confiança e a construção conjunta de um propósito que estão moldando uma nova arquitetura cultural nas organizações vencedoras."

Ou seja, sem a interação entre líderes e liderados e entre as pessoas, não há o compartilhamento de valores, não há a criação desse ambiente. Sem comunicação não há clima. Aliás, *O líder e o clima organizacional*, de dezembro de 2014, também defende a comunicação como item essencial para o desenvolvimento de um ambiente de trabalho saudável e produtivo. O autor deste artigo destacava ainda a importância de o líder conhecer cada colaborador e motivá-lo de uma forma mais efetiva conforme sua necessidade:

> "O verdadeiro líder precisa chamar a responsabilidade para si. Ele deve tratar sua equipe não como números, mas reconhecer o indivíduo e como ele pode dar melhores resultados. Cada pessoa tem sua perspectiva, seus anseios, desejos e convicções, e isso precisa ser um fator de conhecimento para quem está no comando. Para conseguir chegar a esse patamar, a comunicação é extremamente importante. Uma política de comunicação em que os colaboradores conseguem conversar com seus líderes sobre dificuldades

> no trabalho, dar sugestões e até apresentar projetos de melhoria, é necessária quando se busca um bom clima organizacional".

Em *Parceiros de negócios*, de setembro de 2013, vemos a necessidade de o líder conhecer os funcionários, e o texto destaca algumas vantagens disso, como: identificar talentos potenciais que podem contribuir para o crescimento da empresa e a possibilidade de desenhar planos de carreira para cada um desses funcionários.

> "Se ao ouvir identificamos oportunidades, precisamos, por outro lado, falar. Levar conhecimento para que tais oportunidades saiam do papel é um desafio para nossos líderes. É por isso que invisto na comunicação. Não se trata apenas do agradável cartão de aniversário ao colaborador ou das mensagens em datas festivas, mas sim de compartilhar conhecimento".

O resultado disso é satisfação e comprometimento. Comunicação gera confiança e confiança gera melhores resultados. E engajamento.

Déjà vu, você viu?

A proximidade dos temas comunicação e gestão de pessoal, mais especificamente recursos humanos, é abordada por outro aspecto em *O pêndulo da comunicação*. Publicado em maio de 2012, ele chama a atenção da área de RH para um desafio, uma espécie de *déjà vu*: receber no colo a gestão de comunicação interna e externa. Como afirmava o seu autor:

> "(...) esse é um fenômeno tipicamente brasileiro, já que o quadro é bastante diferente em países como os EUA, onde a área de relações públicas possui um espectro muito mais abrangente, que engloba todas as atividades de comunicação e não divide nada com recursos humanos. Aqui, dificuldades impostas pela legislação que regula a profissão de RP obrigaram o mercado a seguir outros caminhos, mais tortuosos e menos eficientes".

De qualquer maneira, continuava o autor, a análise de alguns movimentos indicava que a comunicação e a gestão de pessoas iniciavam uma nova convergência. E aí surgiam as questões às quais ele se debruçava: os profissionais de recursos humanos estão preparados para lidar com essa nova realidade? Possuem as habilidades e a visão multidimensional que o exercício diário da comunicação exige?

> "Fazer gestão de pessoas presume comunicar-se bem com elas, e prover a organização de ferramentas e métodos que permitam que aquelas que estão do lado de fora sejam impactadas positiva e proativamente também faz parte do jogo. Considerando as deficiências na formação acadêmica das áreas humanas no país, vem a preocupação com o choque de método e de cultura que pode surgir desta reaproximação. É preciso buscar o conhecimento e a sensibilidade para a comunicação em sua prática diária e, acima de tudo, nos relacionamentos com todos os públicos de interesse da empresa (...). Somente essa troca permanente de impressões e informações pode dotar o gestor de pessoas de um senso comunicativo mais apurado que certamente o levará a aperfeiçoar o entendimento de todo o processo".

Esta volta da comunicação à gestão de pessoas podia, na opinião do autor, ser passageira, momentânea, mas trazia consigo uma dificuldade na previsão do desenho organizacional que as empresas teriam em um futuro próximo, em face de novos desafios como a gestão de imagem nas mídias sociais e o advento da geração Y no mercado de trabalho. "Por enquanto, o certo é que quem entender e decifrar esse fenômeno largará na frente", escreveu.

Parte 4

De Malas Prontas

Considerações Finais

As principais reflexões a partir do relacionamento entre teoria e prática em comunicação interna e para onde podemos ir nesse assunto.

O Que Levar Daqui

Um Balanço com Desafios e Oportunidades

A partir da releitura das 38 matérias e 14 artigos veiculados entre janeiro de 2010 a dezembro de 2014, é possível levantar algumas observações:

1. Há uma estreita ligação entre comunicação e gestão, em especial a gestão de pessoas. São atividades recursivas, pois a gestão de pessoas se dá pela comunicação e a comunicação se realiza também na gestão de pessoas. Essa relação aparece em vários momentos, nos quais o profissional de RH mostra como um determinado projeto ou programa foi implementado ou levado adiante. A presença e a importância da comunicação surgem natural e espontaneamente durante as entrevistas. O que pode se colocar em discussão é a visão sobre quem manda em comunicação. Ao tratar a comunicação como uma etapa de seu trabalho, a área de RH pode dar a entender que a vê como um suporte em alguns casos.
2. Os profissionais entrevistados reconhecem a importância da comunicação como elemento-chave para engajar as pessoas, para melhorar a produtividade (o colaborador tem de saber exatamente o que se espera dele), para melho-

rar processos, serviços e produtos (com as caixas de sugestões), para criar um ambiente saudável e de confiança. Trata-se de um aspecto importante da comunicação.

3. Há a descrição de ferramentas e canais de comunicação, como jornais, TVs corporativas, rádios, intranets, e de suas funções. Porém, paralelamente, também fica clara a comunicação face a face dos líderes.
4. Sobre a participação da liderança na comunicação, as matérias deixam transparecer a presença de gerentes e diretores em ações dessa natureza, sejam presenciais ou à distância, como cafés da manhã, por exemplo. Percebe-se que há uma consciência da importância dessa comunicação.
5. Além da participação de diretores e gerentes no processo de comunicação, vale destacar as várias ações que envolvem o CEO ou o presidente da organização, indo desde um blog do presidente a encontros presenciais ou virtuais com ele para a transmissão de alguma informação importante ou para tirar dúvidas. O fato de termos esse destaque a respeito da presença do principal líder no discurso permite ao menos duas inferências: (a) demonstra que a comunicação é um valor na empresa e que possui um *sponsor* de peso; (b) mostra a proximidade que a área de recursos humanos vem conquistando (ou que vai recebendo) do CEO – um objetivo acalentado por muitos profissionais da área ainda.

Além dessas observações, é possível perceber alguns pontos tratados na primeira parte deste trabalho em muitas das matérias selecionadas. Desde a disputa e construção de significados em um processo de fusão e aquisição, na etapa de construção de uma nova cultura, na qual a comunicação tem papel importante, como também no abastecimento com um fluxo sensato de informações para evitar o surgimento de boatos nessa mesma situação.

A teoria se relaciona com a prática, mas esta ainda oferece muitas oportunidades e desafios para o profissional de comunicação, como veremos a seguir. Antes, vale destacar que:

1. O profissional de comunicação deve entender que seu papel não se limita à elaboração e manutenção de canais de comunicação, por mais que tenha sido preparado para isso. Desenvolver uma visão sistêmica, entendendo de negócios e de gente, é fundamental. Sair dessa caixa pressupõe poder olhá-la a partir de outro ângulo e questionar, além do seu trabalho, o discurso que está ajudando a criar em um momento em que as micronarrativas ganham força;
2. E entender o uso de canais e ferramentas de comunicação também como suporte a temas da gestão como remuneração (no caso, de remuneração total), benefícios (em especial os de saúde) etc., como veremos mais à frente.
3. Aproveitando que *está fora da caixa*, o profissional de comunicação deve entender como comunicação e gestão são indissociáveis e passar a atuar com base nessa compreensão. Entender a cultura da empresa e como ela se relaciona com comunicação, a importância de relacionamentos de confiança para a criação de um bom ambiente de trabalho, de uma liderança capaz de se relacionar bem com os demais funcionários e também reforçar as falas da empresa, seus valores e diretrizes, traduzindo-os em realidade pela comunicação, entendida aqui também como exemplo ou coerência entre discurso e prática.

Dá para confiar

Para uma melhor compreensão de alguns dos desafios listados acima e as relações entre comunicação, gestão e liderança, foram entrevistados três especialistas: Vânia Bueno, Eugenio Mussak e Ruy Shiozawa (veja a íntegra das conversas em Anexo).

Vânia é jornalista com pós-graduação em comunicação empresarial e mestrado em desenvolvimento organizacional pela Case Western Reserve/EUA. Ela também é sócia-fundadora da Anima Comunicação e Desenvolvimento, empresa que durante 20 anos atuou no mercado de comunicação integrada e ultimamente presta consultoria em comunicação para o desenvolvimento organizacional.

Mussak é consultor, palestrante e educador, tendo uma forte atuação em temas de recursos humanos e liderança. Foi diretor da Associação Brasileira de Recursos Humanos (ABRH-Brasil) e até 2014 era um dos coordenadores do comitê temático e executivo do Congresso Nacional sobre Gestão de Pessoas (CONARH).

Finalmente, Shiozawa é Ruy Shiozawa, CEO do Great Place Institute Brasil, que elabora, entre outras listas, a relação das melhores empresas para trabalhar com a revista *Época* e a lista das melhores práticas em gestão de pessoas das melhores empresas com a revista MELHOR – Gestão de Pessoas.

E é com Shiozawa que começamos a tratar da relação entre confiança e ambiente de trabalho. Como ele reforça, uma cultura baseada em relacionamentos de alta confiança ajuda uma empresa a ser mais ágil e competitiva:

> "Onde existe confiança, não são necessários excessos de controle e nem regras sobre regras. As pessoas confiam umas nas outras e não precisam documentar por meio de *e-mails* as decisões de uma reunião. (...) Confiança gera velocidade e reduz custos de uma empresa, tornando-a mais competitiva e facilitando o atingimento de seus objetivos. Confiança gera engajamento e comprometimento, criando um excelente ambiente de trabalho."

E como a confiança aparece em uma organização? Shiozawa apresenta as três dimensões em que ela se exprime:

> "a relação das pessoas com o seu trabalho, ou seja, o orgulho que as pessoas têm de trabalhar em determinada empresa e o orgulho pela importância de seu trabalho; a relação com os colegas, ou seja, o espírito de equipe e a colaboração; e, finalmente, o relacionamento dos funcionários com seus líderes, ou seja, a credibilidade dos líderes, o respeito com que os funcionários sentem que são tratados e a imparcialidade, que é o sentimento de justiça".

Vale destacar a credibilidade dos líderes, que pode ser entendida como a coerência entre discurso e prática. Nesse aspecto, convém trazer o relato de Vânia Bueno a respeito da reversão da macronarrativa para a micronarrativa. Ou seja, o discurso oficial da organização, trabalhado em vários canais pelo comunicador ou profissional de comunicação, para a formação de uma determinada imagem ou reputação, passa a sofrer uma forte interferência dos novos canais de comunicação, como as redes digitais, aliados ao desejo crescente de as pessoas desejarem falar e serem ouvidas – e mais do que isso, respeitadas. Dessa forma, com apenas um clique, um funcionário pode postar em uma dessas redes uma pequena história ou relato que desmonta toda a fala autorizada da empresa, por exemplo. Lembrando Baldissera, pode ser uma espécie de vitória da organização falada sobre a organização comunicada.

E cai por terra não apenas a imagem da empresa, mas a da própria comunicação, colocando em xeque o papel do comunicador nesse processo. Diz ela:

> "O trabalho do comunicador entra, dessa forma, em descrédito, há um prejuízo enorme de recursos, de energia. Na verdade, se o comunicador não tiver consciência de que o papel dele não é só disseminar informação nos veículos, ele não vai perceber que, muitas vezes, está destruindo a reputação da empresa fazendo da melhor forma que ele sabe fazer".

Um dos papéis do comunicador em tempos complexos é discutir o alinhamento entre discurso e práticas, criando o que Vânia chama de comunicação consequente. Ou seja, imaginar que desdobramentos podem surgir após comunicar algo. Por essa razão é importante um alinhamento entre o que se diz e o que se pratica. Se a empresa divulga maciçamente que quer ser inovadora, mas ainda mantém uma cultura intolerante ao erro, nada feito.

Assim, de nada valem os investimentos em canais e ferramentas, como percebe Eugenio Mussak em várias empresas, se não houver um investimento na liderança e comunicação humanas, naquela entre gestores e funcionários, entre pessoas. Em diálogo e relacionamento, termos aliás muito usados na comunicação, segundo Vânia Bueno, que afirma.

> "Só que ninguém sabe o que é diálogo e pouca gente sabe o que é relacionar-se. Normalmente, acham que o diálogo é sentar e falar para o outro. Diálogo exige muito mais do que isso (...). [Exige] empatia, aceitação do ponto de vista que é diverso do seu, sa-

ber lidar com essa diversidade toda, tolerância. Não fomos preparados para isso. Nenhuma escola dá aula de diálogo. E agora a comunicação da empresa põe na *newsletter*, no site etc., que 'a companhia valoriza o diálogo'. (...) Muitas vezes, é mentira. E não acredito que seja por mal, mas por ignorância, por não saber, não conhecer a realidade. A questão é que o diálogo pressupõe uma flexibilização na hierarquia, nessa noção de hierarquia que temos. O diálogo pressupõe que o que você diz é tão importante quanto o que eu digo."

Dessa forma, Vânia nos ajuda a entender a comunicação *fora da caixa*, entrando em temas de gestão, como a distribuição de cargos, salários. Mas e sobretudo nessa nova seara, a comunicação só é eficiente se houver respeito e confiança entre os sujeitos comunicacionais – que já estão tensionados no processo de disputa e construção de significados.

E de forma recursiva, entende-se que, para gerar essa confiança, propícia para uma boa comunicação, devemos ter uma boa comunicação, como nos lembra Ruy Shiozawa, a partir das pesquisas feitas pelo Great Place to Work sobre as melhores empresas para trabalhar:

> "Pensando nas ações necessárias para o aumento da confiança nas empresas, a comunicação surge como um dos pilares mais importantes: 100% das melhores empresas para trabalhar tratam a comunicação interna como uma prioridade absoluta. Importante notar que essa comunicação tem duas vertentes complementares: a comunicação corporativa e a comunicação no dia a dia, entre gestores e suas equipes. Enquanto a comunicação corporativa permeia toda a organização e esclarece as diretrizes, a comunicação efetiva e cotidiana nas equipes é que transforma aquelas diretrizes em realidade".

Por essa razão é que todos os gestores, e em especial os líderes, devem ser preparados em comunicação. Diz o CEO do GPTW:

> "Todos devem fazer parte desse processo, mas, certamente, as lideranças têm um papel fundamental. Atitudes simples como falar e escutar continuamente seus funcionários; celebrar e compartilhar com eles os resultados obtidos pela empresa; ajudá-los no

desenvolvimento de suas carreiras; agradecer-lhes pelos bons resultados; inspirá-los continuamente sobre a importância dos seus trabalhos. Essas são práticas simples, mas fundamentais para a geração da confiança e do engajamento dos funcionários."

Por falar em engajamento, comunicação e liderança/gestores, vale lembrar um estudo da consultoria global de gestão de negócios Hay Group (hoje Korn Ferry Hay Group) publicado em junho 2012 na matéria *Um novo par*. O levantamento analisou o engajamento e o não engajamento de cerca de 5 milhões de funcionários em 1.610 organizações, de 46 países. No Brasil, foram 619 mil respondentes em 135 empresas brasileiras que aplicaram pesquisa de clima organizacional no período de 2008 a 2012 utilizando a metodologia da consultoria.

E quais os principais resultados do estudo? Mais de um terço dos colaboradores em todo o mundo não estavam engajados, o que atrofiava o desempenho das empresas globais. Naquele ano, 66% dos trabalhadores, em média, se sentiam engajados – sendo que nas empresas com os maiores desempenho do mundo o nível de engajamento era de 75%. Mais de um terço (33%) dos funcionários relatou serem incapazes de otimizar seu desempenho, alegando que as barreiras impostas pela organização impediam a excelência no trabalho.

Entre outros, alguns exemplos desses obstáculos eram a ausência de *feedback* sobre o desempenho esperado, a comunicação falha sobre as políticas da empresa, a falta de clareza e transparência sobre a estratégia da organização e principalmente a atuação inapropriada do gestor no que diz respeito a ouvir ideias e auxiliar as pessoas a colocarem-nas em prática no dia a dia.

Ah, esses gestores e esses líderes...Outra pesquisa, desta vez feita pela Page Personnel, empresa global de recrutamento especializado em profissionais de suporte à gestão, mostrava que a maioria dos profissionais estava insatisfeita com seu gestor imediato. O levantamento fora realizado em agosto e setembro de 2012 com 2,4 mil profissionais de São Paulo, Rio de Janeiro e Minas Gerais. Foram ouvidos advogados, assistentes, analistas, coordenadores, supervisores, gerentes, diretores e presidentes de diversos setores. Os dados mostravam que, "para 53,5% dos subordinados, seus líderes mais próximos não estão atendendo às expectativas profissionais", dizia a matéria *Gestão descompassada*, de dezembro de 2012.

Os principais motivos de insatisfação dos trabalhadores em relação à gestão de seus líderes eram: os superiores não atendiam às expectativas pela falta de clareza quanto às metas e objetivos da companhia (para 54,8% dos liderados); os líderes não instruíam ou treinavam o time adequadamente (52,3%); o líder não conhecia detalhadamente as funções de cada integrante da equipe (para 43,8% dos liderados); os gestores não delegavam ou apoiavam inovações (39,5%); o líder não sabia ou conseguia transmitir conhecimento à equipe (28,8%); e a falta de convergência de valores entre líderes e liderados (para 23,8% dos entrevistados).

Isso reforça o papel do profissional de comunicação em atrair e preparar esses líderes e gestores nessa área. E Vânia Bueno apresenta mais uma boa razão:

> "Temos que 75% dos brasileiros apontam a comunicação como a competência ou a habilidade mais importante do líder. E isso tende a crescer porque vivemos em um mundo em transformação. E a pesquisa mostra também que existe um *gap* de 34%, entre o que se espera da *performance* de comunicação de um líder e do que ele entrega. E vem a pergunta: como é que pode haver uma deficiência percebida tão grande de comunicação se nunca tivemos tantos veículos e ferramentas de comunicação?".

Uma questão é trabalhar com a liderança (neste caso, uma tarefa da comunicação e da área de RH), virtudes e não apenas competências. Pois, como diz Vânia, são as virtudes que nos fazem lembrar de alguém e que permitirão aos líderes, por exemplo, saberem como se relacionar com as demais pessoas em uma organização, presencialmente ou à distância.

Virtudes como coragem, segundo Eugenio Mussak uma das qualidades que compõem o caráter de um líder. Caráter, aliás, é um dos tripés sobre o qual se sustenta a liderança, de acordo com Mussak. As outras bases são competências e ambição. E sem uma delas, nada feito. Diz ele: "A pessoa pode ter um bom caráter e ter ambição, mas se não tiver competência, de nada adianta. Ele pode ter ambição e competência, mas não tiver caráter, idem, mas aí ele pode usar a competência dele a serviço do mal. E nas empresas isso não passa batido".

Com toda a honra

Com o título de doutor *honoris causa* concedido em 1987 pela Faculdade da Cidade, do Rio de Janeiro, José Abelardo Barbosa de Medeiros já destacava a importância da comunicação, muitos anos antes – e em rede nacional. Dizia esse comunicador, objeto de atenção, juntamente com o Tropicalismo, por parte de Edgar Morin na década de 1970, que "quem não se comunica se trumbica".

Anos depois, para ajudar a compreender melhor as palavras de Chacrinha, o Velho Guerreiro *Honoris Causa*, a consultoria Towers Watson (hoje Korn Ferry Towers Watson) trazia dados que mostravam como é bom saber se comunicar bem, sobretudo com os funcionários.

De acordo com o relatório do *Estudo sobre Retorno do investimento* (ROI) em Comunicação (2009/2010), as organizações que possuíam uma comunicação altamente eficaz tiveram 47% a mais de retorno total para os acionistas nos cinco anos anteriores à realização da pesquisa em relação às organizações que se comunicavam com menos eficácia. Mas o que é uma comunicação eficaz? "Empresas que se comunicam com mais eficácia falam sobre temas que os empregados querem ouvir e redefinem os acordos de trabalho com base nas informações provenientes da comunicação", dizia a pesquisa.

Das 328 organizações ouvidas, que representavam cinco milhões de trabalhadores em diversas regiões do mundo, somente 14% estavam explicando os termos da nova proposta de valor ao empregado (PVE). Ou seja, poucas deixavam claro para seus funcionários o que eles podiam esperar da empresa e o que a empresa esperava deles. Assim, do ponto de vista do empregado, por exemplo, esse acordo do trabalho (ou PVE) incluía pacote de recompensas e benefícios, oportunidades de desenvolvimento profissional e ambiente de trabalho.

O estudo refletia os tempos sombrios da crise de 2008, mas ele não deixa de apontar para algumas oportunidades e necessidades para a área de comunicação e para as organizações. Em tempos de incertezas na economia e de escassez de talentos, reforçar o que a empresa é (sua imagem) e o que oferece e ainda reduzir custos, são medidas sempre vistas com bons olhos pelos gestores. Nesses casos, a comunicação pode dar uma boa contribuição:

1. No que se refere a deixar claro o que a empresa oferece: por exemplo, explicar melhor o valor dos benefícios oferecidos e o conceito de remuneração total, mostrando aos funcionários quais as variáveis que entram nessa conta (tais como salário, benefícios, bônus, premiações).
2. Em relação à redução de custos, um ponto que merece atenção são os benefícios ligados à saúde. Eles representam o segundo maior custo de uma empresa, depois da folha de pagamento, chegando a representar de 9% a 12% desta. Inúmeras vezes ouvi de consultores e de profissionais de recursos humanos que era preciso fazer com que os funcionários soubessem usar bem o plano de assistência médica. Mas ações de comunicação efetivas nesse aspecto eram poucas – e algumas por iniciativa das operadoras de planos de saúde. Criar uma comunicação que contribua para uma utilização mais racional dos planos é uma ação relativamente simples, mas que pode dar um grande impulso para diminuir o índice de sinistralidade que os rege.

   Alguns dados da pesquisa da Korn Ferry Towers Watson (2015) ajudam a entender melhor essas oportunidades:

   a. Em 43% de todas as empresas ouvidas, os empregados entendiam o valor dos benefícios de saúde.
   b. Em 36%, os empregados entendiam como funciona o programa de bônus.
   c. Em 27% das empresas, os funcionários afirmavam entender o valor do programa de pensão.
   d. Em 20%, os funcionários entendiam como os níveis salariais são estabelecidos.

Ainda há muita coisa a explicar. Enquanto isso, o que vem sendo explicado ou informado está mais baseado em mídias eletrônicas ou presencial do que em meios impressos, que vêm diminuindo. Como mostrava o estudo:

a. Em 78% das empresas o uso da comunicação eletrônica aumentara.
b. Em 55% das empresas, a comunicação face a face crescera.
c. E em 48% das organizações a comunicação impressa diminuíra.

E por falar em comunicação digital e face a face, vale mostrar os temas mais tratados por esses canais:

1. Por meio de intranet: educação financeira (43% das empresas) e informações sobre benefícios (61%).
2. Por meio de reuniões de equipes: desempenho do negócio (73%), estratégias da empresa (65%) e assuntos sobre clientes (54%).
3. Pela comunicação face a face: salários (58%) e segurança no trabalho (48%).

Ainda há muito espaço e temas para a comunicação da liderança, a dos gestores, bem como para outros canais de comunicação. A questão é saber fazer com que elas interajam, se complementem. Da mesma forma como as áreas de gestão de pessoas, de recursos humanos e comunicação devem andar de mãos dadas. Para isso, o profissional deve estar atento ao seu poder de alcance, que vai além do jornal ou da revista corporativas. E entender que sem comunicação não há organização.

ANEXO

Entrevista 1

Vânia Bueno

Vânia Bueno é jornalista com pós-graduação em comunicação empresarial e mestrado em Desenvolvimento Organizacional pela Case Western Reserve/EUA. É sócia-fundadora da Anima Comunicação e Desenvolvimento, empresa que durante 20 anos atuou no mercado de comunicação integrada e nos últimos sete anos presta consultoria em comunicação para o Desenvolvimento Organizacional.

Falar em comunicação, agora, é falar em uma disciplina nova?

As disciplinas não são novas. Estamos saindo da superespecialização para a integração de saberes, que é o que [*Edgar*] Morin propõe, uma vez que o positivismo separou tudo em caixinhas, como se a realidade fosse assim. A questão é como remover os obstáculos que criamos nessa separação. Na realidade, está tudo integrado.

Retirar viseiras que nós mesmos colocamos...

Exatamente. E ao falar em desenvolvimento organizacional, penso em comunicação não para uma ação imediata, nem para resultados *pequenos*, parciais, mas para algo mais abrangente, profundo; portanto, de mais longo prazo, mais estratégico.

Sobre resultados: hoje, no mundo corporativo, tudo tem de ser mensurável, tem de se calcular o retorno do investimento. Com a comunicação também?

Nesse ponto, entramos em outro conflito, em algo que está sendo muito discutido. Essa preocupação em mensurar veio há algumas décadas a partir de uma cultura americana. Mensurar é importante. E estamos em um movimento de também buscar o valor do intangível. O que me parece um conflito: tangibilizar o intangível. Há, conceitualmente, uma incoerência. Mas entendo a necessidade de ao menos ter uma noção das coisas para poder geri-las.

Para mim, foi muito interessante conhecer a teoria da nova comunicação da Escola de Palo Alto. Para discutir a comunicação, ela reuniu antropólogos, sociólogos, historiadores, psiquiatras, psicólogos, enfim, ela parte de uma visão *transversal* da comunicação, não da técnica, mas da comunicação humana. E o que eu mais gosto é que ela define comunicação como sinônimo de comportamento. Isso me ajudou a esclarecer muitas de minhas intuições e inquietações. Tudo o que você faz diz ao mundo quem você é, e quando você não diz você diz. Isso é interessante. Já que não existe *não-comportar-se,* então não existe o *não-comunicar-se*.

O ficar quieto é um comportamento.

Sim, imagine: você está em um elevador, olhando para uma tela de TV. Muitas pessoas entram, e você olhando para aquele monitor. Essa sua atitude diz às pessoas que você não quer conversar. E as pessoas entendem e, ao não conversarem com você, dizem que entenderam o que você disse. Esse diálogo silencioso é tão forte quanto uma discussão acalorada.

O problema é que estamos acostumados a entender comunicação como sinônimo de ferramentas de comunicação. Talvez por culpa dos próprios profissionais da área, ao imaginar que a função deles seja apenas fazer veículos de comunicação?

Mas é isso o que ensinam para esse profissional, que ser comunicador é isso. Volto novamente para a história do positivismo, de como a ciência compartimentalizou [*o conhecimento*]. Assim, um comunicador estuda ferramentas de comunicação. Em um dos artigos de um livro que estou finalizando, uso o termo *comunicantes*. Todos nós somos comunicantes, mas alguns comunicantes tornam-se comunicadores. E alguns ótimos comunicadores são péssimos comunicantes.

O que seria comunicante?

Comunicante é essa capacidade do comunicar-se. Todos nós comunicamos. Só que alguns de nós, comunicantes, vão estudar ferramentas de comunicação e tornam-se comunicadores, especialistas em ferramentas e técnicas de comunicação. Mas o fato de ser um bom comunicador não garante que a pessoa seja um bom comunicante. Conheci alguns gestores de comunicação que fazem veículos maravilhosos, mas gritam com os funcionários, não sabem ouvir, se relacionam muito mal com as pessoas, são pouco flexíveis, não acolhem outros pontos de vista. Mas são excelentes comunicadores.

Um bom gestor sabe usar bem a comunicação?

Vamos colocar assim: para ser um bom gestor, é essencial ser um bom comunicante. Talvez até mais do que um gestor. Vamos pensar em liderança. Não há como ser um bom líder sem ter uma boa comunicação, porque liderar significa influenciar e influenciar é comunicação. Então, quando você não comunica bem, você não lidera bem. Há uma pesquisa da Ketchum, de 2014, que faz uma análise sobre a liderança no mundo. Temos que 75% dos brasileiros apontam a comunicação como a competência ou a habilidade mais importante do líder. E isso tende a crescer porque vivemos em um mundo em transformação. E a pesquisa mostra também que existe um *gap* de 34%, entre o que se espera da *performance* de comunicação de um líder e do que ele entrega. E vem a pergunta: como é que pode haver uma deficiência percebida tão grande de comunicação se nunca tivemos tantos veículos e ferramentas de comunicação?

E como se fala em comunicação, hoje! Da mesma forma como se fala em gestão de pessoas, que o principal ativo das empresas é o ser humano. Mas ainda há uma distância entre o discurso e a prática.

Mas aí falamos de ética, outro tema, mas que tem tudo a ver com comunicação.

Por que tem de existir coerência entre o discurso e a prática?

[*A ausência desse alinhamento*] atrapalha bastante o trabalho do comunicador e a reputação da companhia. Até pouco tempo atrás, o que valia era a macronarrativa, quer dizer, eu publico onde eu quero o que eu quero, do jeito que eu quero – e isso construía a minha imagem, ou a da empresa. Mas hoje esse discurso de quem tem poder está sendo substituído pela micronarrativa. Nesta, eu, indivíduo, escrevo uma história, dou um clique e ela está no mundo.

E as pessoas tendem a levar muito mais em consideração a sua opinião do que o que está em um veículo oficial...

Essa é a reversão da macronarrativa para a micronarrativa. As empresas construíam uma imagem usando o comunicador e as ferramentas de comunicação para criar e difundir um discurso conveniente e assim projetar uma imagem. Quando esses canais mudam e surge a micronarrativa, o que acontece? A empresa faz todo um sacrifício para criar uma imagem e então um colaborador, uma pessoa ou fornecedor, com apenas um clique, destrói tudo. O trabalho do comunicador entra, dessa forma, em descrédito, há um prejuízo enorme de recursos, de energia. Na verdade, se o comunicador não tiver consciência de que o papel dele não é só disseminar informação nos veículos, ele não vai perceber que muitas vezes está destruindo a reputação da empresa fazendo da melhor forma que ele sabe fazer.

E ele destrói a própria comunicação, a imagem que se tem dela. Daí vem a pergunta dentro da empresa: "Para que tanto veículo se a comunicação não funcionou?". É uma espécie de autossabotagem.

Pois é, mas por que? Porque o profissional de comunicação, hoje, não tem consciência nem está assumindo o papel de, de fato, dizer o que é comunicação, de questionar o discurso para ver se ele está alinhado à prática.

Por exemplo: "Somos a favor da inovação", mas, na prática, não se toleram erros.

É isso. Você faz uma campanha com mascote, *banner*, folder, portal, faz tudo lindo. Investe bastante. A equipe de comunicação é muito boa e faz tudo o que tem de fazer para promover a inovação. Mas então uma pessoa vê tudo isso e diz: "Peraí! Na medida em que eu tentar e errar, serei punido, mas a inovação pressupõe a tolerância ao erro". Cria-se uma esquizofrenia interna, e a comunicação presta-se a ser o elemento difusor dessa esquizofrenia. É óbvio que o resultado da campanha de inovação não virá, e muitos dirão que a comunicação não funcionou. O que acontece é que a comunicação ficou por muito tempo focada e comprometida na função do *fazer parecer ser*, em projetar a tal imagem da empresa, em vez de contribuir para criar o que a empresa é.

Ela não construiu a empresa, tentou só vender a imagem.

Exato. É nesse ponto em que há uma conexão entre desenvolvimento organizacional e comunicação, porque o desenvolvimento organizacional é um processo de longo prazo para criar a transformação desejada. Falamos de transformação real, que não acontece sem comunicação. Mas não uma comunicação na visão linear, como o da campanha da inovação. Mas uma comunicação com visão sistêmica que nos faz questionar: "para inovar, precisamos do quê?". Esse questionamento atua sobre o sistema como um todo, inclusive sobre a comunicação.

Está claro que as empresas exigem e querem muito da comunicação, elas já se convenceram de que é preciso comunicação para resolver os problemas. Mas o que coloca o comunicador e a área de comunicação em risco é acharem que o problema de comunicação será resolvido apenas pela área de comunicação. Se, como indica a pesquisa da Ketchum, existe uma defasagem, uma insatisfação, com a comunicação em um momento em que nunca houve tanta ferramenta de comunicação, por lógica podemos dizer que as ferramentas de comunicação não são o problema de comunicação. Para proteger o profissional e a área de comunicação, é preciso dizer que o problema de comunicação não é só resolvido pelo comunicador. Mas para isso é necessário distinguir a comunicação feita com as ferramentas e a comunicação humana. Elas trabalham muito juntas, mas as técnicas de comunicação não resolvem a questão da comunicação humana.

Uma reforça a outra.

É preciso olhar sob o viés sistêmico, pelo qual tudo o que eu faço gera impacto e tudo gera impacto em mim.

É a comunicação consequente?

Exato. É a comunicação que, em vez de só pensar na entrega, na campanha, pensa também no que pode gerar a partir daí. Que tipo de dúvida, confusão ou comportamento pode existir depois de a campanha ser divulgada? Existe uma cultura de inovação na empresa para aceitar o erro? Caso contrário, é como fazer um sapato 36 para um pé 38. O resultado dessa inconsequência é a calosidade, a dor, a perda de movimento. Isso porque a comunicação não foi modelada para a realidade da empresa.

Vamos falar um pouco da competência de comunicação da liderança. Você vê uma preocupação das empresas em desenvolver essa competência?

Dois termos muito usados na comunicação, hoje, são relacionamento e diálogo. Só que ninguém sabe o que é diálogo e pouca gente sabe o que é relacionar-se. Normalmente, acham que o diálogo é sentar e falar para o outro. Diálogo exige muito mais do que isso.

Exige escuta ativa...

... empatia, aceitação do ponto de vista que é diverso do seu, saber lidar com essa diversidade toda, tolerância. Não fomos preparados para isso. Nenhuma escola dá aula de diálogo. E agora a comunicação da empresa põe na *newsletter*, no site etc. que *a companhia valoriza o diálogo...*

...tem portas abertas...

Muitas vezes, é mentira. E não acredito que seja por mal, mas por ignorância, por não saber, não conhecer a realidade. A questão é que o diálogo pressupõe uma flexibilização da hierarquia, nessa noção de hierarquia que temos. O diálogo pressupõe que o que você diz é tão importante quanto o que eu digo.

Não importa o cargo.

Não importa o cargo. E assim deixamos a seara da comunicação e entramos na gestão, no modelo de liderança, no modelo mental não só dessa companhia, mas do mundo. Temos de entender que estamos em um estado de transição. Tudo está mudando. É a macrotransição: ocorre em todos os níveis do sistema, é simultânea, é profunda e é irreversível. Tudo o que conhecíamos como fórmula, modelos, padrões, está sendo questionado. Na verdade, não servem mais. E a área de comunicação precisa se pensar em transição. Em vez de as empresas dizerem que a solução é a comunicação, devem entender que a comunicação também está em transição.

Nessa macrotransição temos o avanço da tecnologia. Como o líder vai criar uma relação tão próxima com os outros à distância?

Essa é uma das perguntas sobre a qual temos de nos debruçar. Na verdade, temos de ir experimentando e descobrindo. O italiano Massimo Di Felice [*coordenador do Centro de Pesquisa Atopos – palavra de origem grega que significa lugar paradoxal, estranho, indefinido – da Escola de Comunicações e Artes da Universidade de São Paulo (ECA/USP)*] é muito otimista. A visão dele é que tudo se resolve. A rede tem uma capacidade de autogestão, de autoadaptação.

Mas como você vê o líder nesse cenário?

Tenho focado meu trabalho no que chamo de convivência. Convivência é estarem juntas a comunicação e as pessoas. Conviver é estar com o outro e, nesse fluxo de comunicação, estabelecer uma relação que pode ser positiva ou negativa. E essa convivência pode ser próxima ou à distância. O primeiro ponto da convivência é a convivência consigo mesmo, é como você convive com a comunidade que habita em você. Para que você possa fazer uma boa comunicação, seja ela próxima ou distante, com a ferramenta que for, você precisa de coerência, de verdade, de credibilidade, de confiança, de transparência; precisa de mais virtudes do que competência.

Um dos meus professores na Case Western Reserve University foi o Richard Boyatzis, parceiro do Daniel Goleman nas descobertas da inteligência emocional. Boyatzis trata do *real self* e do *ideal self*. E as pesquisas em neurociências que ele faz dizem que a transformação acontece por dois sentimentos básicos, com variáveis, obviamente: ou você muda por medo ou por esperança. Normalmente, as empresas têm optado em mudanças pelo medo. Mas os testes que ele fez revelam que tudo muda com mais rapidez, eficiência e prazer se for pela esperança.

É preciso o *real self* para entender por que é necessário mudar, por que algo está errado, senão, fisiologicamente, não mudamos. Somos programados para repetir o que fazemos, pois a repetição reduz o consumo de energia. Mas a pessoa não precisa carregar esse peso todo (as razões da mudança e os medos caso ela não ocorra) nos ombros ou como uma espada na cabeça. O que a investigação apreciativa propõe nesses casos é criar um sonho mobilizador, que vai ajudar na mudança. É claro que serão identificados obstáculos e problemas, mas eles estarão no percurso, não serão o foco do processo. Não estou olhando para o problema, mas para o sonho. E para atingi-lo, sei o que tenho de transpor. E como é que a liderança vai poder atuar nesse processo à distância? Pelo autodesenvolvimento do líder. Na medida em que o líder se transforma, se torna uma pessoa melhor, uma pessoa mais confiável, mais ele vai influir. Descobri em minhas experiências em sala de aula, que lembramos mais das pessoas pelas suas virtudes do que pelas suas competências.

As competências são necessárias para vencer alguns obstáculos, mas para a realização do sonho as virtudes também são importantes.

É isso: não é apenas *ou*, é *e*. O modelo que se praticou é o de valorizar a competência: você tem de ter um currículo com *n* competências. Mas o que vai fazer você ser lembrado não serão essas competências, mas suas virtudes. Quase sempre por trás de uma competência há uma virtude, uma qualidade humana, que não é o *como* eu faço, mas é *quem* eu sou. E porque eu sou quem eu sou eu faço como eu faço da maneira como eu faço.

O líder, tendo esse autoconhecimento, sabendo de suas virtudes nesse novo cenário, vai encontrar o caminho para se comunicar à distância. É isso?

Acredito que sim, até porque não há escolha. Só que não se trata de desenvolver competências para se comunicar à distância, como redigir um *e-mail*, ou como aparecer da forma adequada na videoconferência com um determinado *stakeholder*. Como temos vários *stakeholders,* fica impossível me esfacelar para falar com cada um. Assim, a ideia é como eu reforço esse *quem eu sou* para que eu possa ser quem eu sou com todos os meus públicos, e dessa forma me comunicar bem. E para eu me comunicar bem é preciso ter clareza. E para ter clareza, preciso de reflexão, preciso ter compreensão do todo, ouvir as partes. Trata-se de um caminho de vida, de uma escolha pela qual você vai se dilapidando, melhorando, e isso aparece em tudo o que você é, mesmo quando você não fala ou escreve. Não se trata de desenvolver coisas para falar, escrever, gravar.

E essas habilidades sobre as quais falamos, essas virtudes, não estão sob a responsabilidade da comunicação. Estão na área de desenvolvimento de pessoas. Assim, para desenvolver a comunicação é preciso desenvolver pessoas. E para desenvolver pessoas é preciso comunicação. Essas duas áreas, trabalhando juntas, poderiam fazer uma grande diferença corporativa.

Entrevista 2

Eugenio Mussak

Eugenio Mussak é educador, escritor e palestrante, e atua na área RH e Liderança.

O que falar de liderança hoje?

Estou escrevendo mais um livro e a liderança faz parte dele. Em minhas idas e contatos com empresas, noto que há uma grande apreensão em relação a 2015. Na verdade, não só a 2015, mas ao ciclo que está começando agora. Para esse livro, em que conto com a grande ajuda de Flávio Macau, levantamos 20 artigos, seis da McKinsey e 14 de Harvard, sobre crise, sobre como é que as empresas reagem às crises, o que elas fizeram bem em crises passadas, o que elas não fizeram, o que fizeram mal e o que deveriam ter feito. E é incrível como encontramos a importância da liderança nessa hora. A liderança tem papéis essenciais nesse processo, como fazer uma revisão estratégica. "Será que estamos fazendo a coisa certa?", "Temos de aumentar ou diminuir investimento?".

Isso implica tomar decisões corajosas, pois muitas vezes é propor a saída da zona de conforto, não?

Sim, inclusive um dos capítulos trata sobre coragem. Porque crise é para gente corajosa. Inclusive, é nas crises, nos tempos difíceis, que as lideranças aparecem.

Como você trabalha com a formação de liderança?

Eu uso três dimensões. A primeira é sobre competências. A segunda eu chamo de caráter, são as virtudes que você tem, os valores que você defende. A coerência que você tem nas suas ações. Ter um discurso diferente da própria prática faz com que deixemos de admirar uma pessoa. E a terceira dimensão é a ambição, que tem a ver com aquilo que o líder quer alcançar. Porque se não há uma conquista para o líder realizar ele não pode exercer a liderança. Meu trabalho está baseado nessas dimensões, e se uma faltar, você não tem um líder. A pessoa pode ter um bom caráter e ter ambição, mas se não tiver competência, de nada adianta. Ele pode ter ambição e competência, mas não tiver caráter, idem, mas aí ele pode usar a competência dele a serviço do mal. E nas empresas isso não passa batido.

Quando falo de competências, penso na divisão clássica entre *hard* e *soft*. As competências *hards* são as mais voltadas para o negócio e têm componentes de gestão, de pensamento estratégico e de visão sistêmica. É para entender o *business*. E as *softs* são as competências humanas, de relações humanas.

Entender de gente.

Isso, entender de gente. Há muitas, mas a primeira delas, para mim, é a comunicação. De que adianta o profissional ser um bom estrategista se não sabe comunicar a estratégia para a equipe? E comunicação, como competência, deve ser entendida de forma mais ampla: ele, o profissional, tem de deixar claro o que está pensando, o que está sentindo, tem ter a capacidade de inspirar as pessoas.

Eu não conheço um bom líder que não seja também um bom comunicador. Vamos explicar o que é ser um bom comunicador. Não é preciso ser um [*Mario Sergio*] Cortella, mas é preciso, no mínimo, respeitar a pessoa que está à sua frente. Uma vez, fui dar uma palestra em uma empresa. Era o encerramento de um programa e, na sequência, haveria um intervalo e depois um jantar. Terminei de falar e percebi que a energia da sala estava no teto! Após encerra minha fala, o diretor do pessoal da plateia sobe ao palco, me agradece apenas com um "Obrigado, professor", informa sobre o intervalo, o jantar e um show que haveria depois, que seria com uma das melhores e maiores bandas de rock do Brasil, mas que ele anunciou como se fosse mais uma apenas no cenário musical. A energia da turma que estava no teto foi parar no carpete. O diretor tinha o poder de diminuir as coisas. Ele sequer fez um *link* do que eu falara com o que as pessoas lidam em seu dia a dia na empresa. E essa é a minha função, criar *insights*.

A comunicação ficou incompleta.

Sim. Para mim, além dessa contextualização, ele deveria dizer alguma coisa mais ou menos assim: "Pessoal, para vocês eu queria o melhor. Aliás, eu queria ter trazido os Rolling Stones, mas eles não tinham agenda... então eu consegui trazer, pelo menos, a banda tal!".

Quer dizer, o líder precisa saber fazer a leitura do ambiente para se comunicar bem.

Ele tem de ler bem o ambiente. Porque há momentos em que você tem de ser duro, mais afetivo, mais racional, emocional. A comunicação é uma decorrência da leitura de um ambiente; por um lado, a comunicação tem um imenso potencial de criar ambientes. Você pode criar um ambiente positivo ou negativo. Aliás, o livro começa com a primeira função do líder em momentos de crise, que é manter uma visão positiva do futuro. É a leitura de que crise, por definição, tem começo, meio e fim. Não vamos ficar para sempre nela. O líder é fundamental nessas horas, mas se ele não se comunicar, esquece.

Em linhas gerais, você acha que o líder está sabendo se comunicar ou ainda há muito o que fazer sobre isso?

Ainda tem muito chão pela frente. Infelizmente. Na média, eu creio que de cada dez líderes que conheço, encontro dois bons comunicadores, dois abaixo da crítica, e seis que estão na média, uns um pouco melhores, outros um pouco piores. A maioria não está fazendo essa lição de casa de como melhorar a comunicação.

O tema formação de liderança é recorrente. Existe uma procura por programas dessa natureza e as empresas dizem que faltam líderes. Onde está o problema? Falta só comunicação ou mais alguma coisa?

Existem outros aspectos também. Comunicação, como falei, é uma das competências de um grupo de competências. Se o profissional tem defeitos em outras áreas da liderança, isso vai aparecer, mas não tão rapidamente quanto à falta de habilidade em se comunicar. E a comunicação também não é só aquilo que você indica pelas suas palavras, é muito por meio de suas atitudes. Outro dia estava conduzindo um seminário em uma empresa, na qual as pessoas têm um pouco de resistência em relação a um de seus principais líderes. No salão do seminário havia mesas redondas espalhadas, e as pessoas iam se sentando nas que estavam mais afastadas de onde eu estava, deixando uma, bem à frente, vazia. Mas outras não estavam completas. Até que chegou o tal líder. Em qual mesa ele foi ficar? Nessa mesa vazia. Ficou sozinho. Qual é a mensagem que ele passou? "Não me misturo. Eu sou superior e sento aqui". Isso é comunicação.

E uma das mais eficientes. Nesse aspecto, temos de sempre lembrar que a atitude ou comportamento de um líder tem de estar alinhada ao discurso, tem de ter coerência.

Isso eu coloco na dimensão do caráter. Se a pessoa não é aquilo que ela fala, temos um problema. Minha admiração por ela começa a diminuir. Tenho visto também nas empresas que, quando se fala em investimentos em comunicação, muitas vezes isso se destina ao jornal, à intranet...

E se o pessoal do chão de fábrica não tem acesso a computador, coloca-se um totem...

Isso, totem! Cartazes etc. Tudo isso está 100% certo: você não pode não fazer essas coisas. Mas o que eu não vejo é um investimento na comunicação humana. Em melhorar a capacidade de comunicação das pessoas. Os investimentos, em geral, são em peças ou tecnologia. Todo mundo tem de ter celular, intranet; todo mundo tem de ter *e-mail*, mas isso é tecnologia, que você pode usar bem ou mal.

E a peça que fica entre a cadeira e o teclado também faz parte da comunicação...

E nessa peça não se investe.

E que investimentos deveriam ser feitos nas pessoas?

Comunicação é uma competência e como tal pode ser melhorada. Aliás, a capacitação parece estar mais voltada para aspectos técnicos e não comportamentais.

Para resumir a história, estou entre aqueles que valorizam muito a comunicação, especialmente quando falamos do exercício da liderança. E estamos em um momento em que o exercício da liderança é mais importante.

Entrevista 3

Ruy Shiozawa

Ruy Shiozawa é CEO do Great Place to Work Brasil.

Qual a importância da confiança para uma empresa?

À primeira vista, falar em confiança dentro das organizações parece um conceito vago e subjetivo. Mas pense bem: dentro da família, a relação de confiança não é fundamental? Pode haver uma família que se estrutura sem que a relação não esteja baseada na confiança? Nas relações de amizade, a confiança não é chave para que ela perdure toda uma vida? Quando fazemos um investimento financeiro, não é baseado na confiança que escolhemos onde vamos guardar nossas economias? Nas relações sociais, no condomínio ou na comunidade onde moramos, a confiança não é fundamental para manter uma boa convivência? Nas relações econômicas, o conceito de confiança aparece a todo o momento. Por exemplo, uma denúncia de corrupção derruba a confiança dos investidores em uma determinada empresa e suas ações despencam imediatamente na Bolsa. Globalmente, a confiança dos investidores em um país cai e ele para de receber investimentos internacionais. Segundo pesquisa anual do Fórum Econômico Mundial, o Brasil ocupa apenas a 57ª posição no *ranking* de competitividade dos países. Uma das razões que prejudicam nossa capacidade competitiva é a baixíssima confiança da população em nossos políticos, ocupando apenas a posição 140 entre 144 nações. Em uma empresa, o estabelecimento de uma cultura baseada em relacionamentos de alta confiança gera uma empresa ágil e competitiva. Onde existe confiança, não são necessários excessos de controle e nem regras sobre regras. As pessoas confiam umas nas outras e não precisam documentar por meio de *e-mails* as decisões de uma reunião. Prazos acordados são prazos cumpridos. Os chefes confiam que as pessoas farão um bom trabalho sem precisar vigiá-las. Portanto, confiança gera velocidade e reduz custos de uma empresa, tornando-a mais competitiva e facilitando o atingimento de seus objetivos. Confiança gera engajamento e comprometimento, criando um excelente ambiente de trabalho. As melhores empresas para trabalhar, no mundo todo, geram melhores resultados de negócio.

O índice de confiança do funcionário vem crescendo? Qual a razão disso?

Podemos analisar essa questão sob dois ângulos. O primeiro aspecto é que, se tomarmos as melhores empresas para trabalhar, baseados na pesquisa mundial do Great Place to Work, notamos que os índices de confiança cresceram nestes quase 20 anos de pesquisa no Brasil. Ou seja, as melhores empresas para trabalhar estão se tornando cada vez melhores. Para um melhor entendimento, descobrimos de forma empírica por meio dessa pesquisa, que a confiança no ambiente de trabalho se expressa sob três dimensões: a relação das pessoas com o seu trabalho, ou seja, o orgulho que as pessoas têm de trabalhar em determinada empresa e o orgulho pela importância de seu trabalho; a relação com os colegas, ou seja, o espírito de equipe e a colaboração; e finalmente o relacionamento dos funcionários com seus líderes, ou seja, a credibilidade dos líderes, o respeito com que os funcionários sentem que são tratados e a imparcialidade, que é o sentimento de justiça. O fator que mais contribuiu para o crescimento da confiança nas organizações, de 1997 a 2014, foi a imparcialidade. Foram 11 pontos percentuais de aumento na percepção dos funcionários entre as melhores empresas para trabalhar. Conclusão: as melhores estão ficando cada vez melhores. E cresce o sentimento de justiça.

O segundo aspecto é que ao longo desses 18 anos da pesquisa no Brasil, o número de empresas que se dispõem a avaliar o seu ambiente de trabalho sempre cresceu ininterruptamente. Ou seja, mais e mais empresas estão preocupadas com esse assunto. Uma ótima notícia é que o Brasil apresenta o maior número de empresas participantes da pesquisa, entre os 53 países envolvidos.

Conclusão: o tema ambiente de trabalho cresce de importância na agenda das empresas e mais ações para aumento da confiança são implantadas a cada ano.

Qual o papel da comunicação interna em um momento de turbulências como o que presenciamos? O que caracteriza uma boa comunicação com os funcionários? É possível perceber alguns traços comuns na comunicação das melhores empresas com seus funcionários?

Pensando nas ações necessárias para o aumento da confiança nas empresas, a comunicação surge como um dos pilares mais importantes: 100% das melhores empresas para trabalhar tratam a comunicação interna como uma prioridade absoluta. Importante notar que essa comunicação tem duas vertentes complementares: a comunicação corporativa e a comunicação no dia a dia, entre gestores e suas equipes. Enquanto a comunicação corporativa permeia toda a organização e esclarece as diretrizes, a comunicação efetiva e cotidiana nas equipes é que transforma aquelas diretrizes em realidade. Por isso, para que o processo de comunicação seja efetivo, é necessário um processo de desenvolvimento de liderança, ou seja, preparação dos gestores para sua tarefa mais importante: cuidar de pessoas. A comunicação é chave em qualquer momento da empresa, bom ou mau. No entanto, nos momentos de dificuldade ou turbulência, sua importância triplica!

Existe alguma característica da liderança em uma empresa melhor para trabalhar? Quais seriam essas características? É possível perceber um papel de destaque das lideranças nessa comunicação? Há algum nível que se destaque, por exemplo o CEO?

Essa boa comunicação é umas das principais características das melhores empresas. Por meio dela que as lideranças fazem-se presentes e conquistam a confiança dos seus funcionários. Percebemos que nessas empresas os acontecimentos são comunicados por diversas vias: reuniões, *e-mails* corporativos, jornais internos, *banners*, redes sociais. Os CEOs e os altos executivos não só devem estar inseridos nesse ambiente onde comunicação eficaz e a alta confiança são as principais características, como devem ser os principais incentivadores desse processo. Eles devem estar sempre de portas abertas a todos os funcionários da empresa, ouvindo com atenção a todos e comunicando-se sempre com honestidade e clareza.

Discute-se muito a falta de líderes em quantidade e qualidade, ao mesmo tempo em que há uma profusão de programas de desenvolvimento de liderança. O que poderia justificar isso?

Sim, temos esta lacuna em nosso mercado de trabalho. Nossas escolas superiores formam técnicos, intelectuais, administradores, mas praticamente em todos os cursos, pouco se fala da questão da liderança e da gestão de pessoas. Há excelentes profissionais por aí, fazendo ótimos trabalhos, mas poucos deles com a capacidade de gerir uma equipe. O investimento que as empresas têm feito em programas de desenvolvimento surgem para preencher essa lacuna. Isso, inclusive, é umas das principais marcas das melhores empresas, o desenvolvimento de profissionais e o incentivo ao crescimento de todos dentro da organização.

O que caracteriza a cultura de uma empresa melhor para trabalhar?

Um princípio essencial nessas empresas é a geração e a manutenção de altos índices de confiança entre as pessoas. Todos devem fazer parte desse processo, mas certamente as lideranças têm um papel fundamental. Atitudes simples como falar e escutar continuamente seus funcionários; celebrar e compartilhar com eles os resultados obtidos pela empresa; ajudá-los no desenvolvimento de suas carreiras; agradecer-lhes pelos bons resultados; inspirá-los continuamente sobre a importância dos seus trabalhos. Essas são práticas simples, mas fundamentais para a geração da confiança e do engajamento dos funcionários. Empresas com excelentes ambientes de trabalho, além de proporcionar uma qualidade de vida muito melhor para eles, são mais produtivas, possuem uma rotatividade significativamente menor que a média do mercado, obtêm um crescimento mais sólido e sustentável e uma chance maior de sucesso nos negócios.

Em sua opinião, o que é cultura organizacional?

Cada ser humano tem um DNA próprio, diferente de todas as demais pessoas. Cada organização tem a sua própria cultura, diferente de todas as demais. As empresas são entidades coletivas, instituições humanas construídas com base na interação material e simbólica entre as pessoas. A cultura organizacional seria o conjunto de valores, crenças, rituais e normas surgidas através dessas interações. Grupos de pessoas que possuem uma relação de confiança entre si, em que respeito, tolerância, camaradagem e comprometimento são as principais características, possuem comunicação mais fluida e ações direcionadas de forma mais uniforme rumo a um mesmo objetivo.

Qual a relação entre gestão de pessoas e comunicação?

Somos seres sociais, nossas interações são feitas através da comunicação. Não há como fazer uma gestão eficaz de pessoas sem adotar a comunicação, e como foi mencionado acima, quanto mais frequente, clara e transparente for a comunicação, melhor será para alcançar seus objetivos.

Referências

A seguir, seguem os livros e artigos citados ao longo das páginas que contemplaram as vozes da primeira parte do livro. Bem como outros textos de interesse.

ARGENTI, Paul A. *Comunicação empresarial. A construção da identidade, imagens e reputação*. Rio de Janeiro: Campus, 2006.

BALCÃO, Y.; CORDEIRO, L. *O comportamento humano na empresa*. Rio de Janeiro: Fundação Getúlio Vargas, 1979.

BAITELLO Jr., Norval. O tempo lento e o espaço nulo: mídia primária, secundária e terciária. In: NETO, Antônio Fausto [*et al.*] (org.). *Interação e sentidos no ciberespaço e na sociedade*. Porto Alegre: EDIPUCRS, 2001.

________. *A serpente, a maçã e o holograma: esboços para uma teoria da mídia*. São Paulo: Paulus, 2010.

BALDISSERA, Rudimar. Por uma compreensão da comunicação organizacional. In: SCROFERNEKER, Cleusa Maria Andrade (org.). *O diálogo possível: Comunicação organizacional e paradigma da complexidade*. Porto Alegre: EDIPUCRS, 2008.

________. *Comunicação Organizacional na perspectiva da complexidade*. Disponível em: <http://revistaorganicom.org.br/sistema/index.php/organicom/article/view/194>. Acesso em 20 nov. 2014.

BALDISSERA, Rudimar; SÓLI, Marlene Bianca. O complexus comunicação-cultura-administração. *Revista ALAIC*. Ano 3, n.4.

(2006). Disponível em <http://www.alaic.net/revistaalaic/index.php/alaic/article/view/158/150>. Acesso em 23 nov. 2014.

BEKIN, Saul Faingaus. *Conversando sobre endomarketing*. São Paulo: Mckron Books, 1995.

BOWDITCH, James; BUONO, Anthony. *Elementos do comportamento organizacional*. São Paulo: Pioneira, 1992.

BUENO, Wilson da Costa. *Comunicação empresarial: uma leitura crítica*. São Paulo: Contexto, 2006.

CABRAL, Valéria. *Um ensaio sobre a comunicação interna pós-industrial em sua dicotomia discurso e prática*. Organicom, n.1, v.1 (2004). Disponível em: http://revistaorganicom.org.br/sistema/index.php/organicom/article/view/6/114. Acesso em: 20 nov. 2014.

CARRAMENHA, Bruno; CAPPELLANO, Thatiana; MANSI, Viviane. *Comunicação com empregados – A comunicação interna sem fronteira*. Jundiaí, SP: Editora in House, 2013.

CHILD, John; RODRIGUES, Suzana Braga. A hierarquia e seus descontentamentos. In: MARCHIORI, Marlene (org.). *Liderança e comunicação interna*. Rio de Janeiro: Senac, 2014.

CONTONI, Miguel L.; MARCHIORI, Marlene; RIBEIRO, Regiane Regina. Comunicação e reflexividade nas organizações. In: MARCHIORI, Marlene (org.). *Liderança e comunicação interna*. Rio de Janeiro: Senac, 2014.

CURVELLO, João José. *Comunicação interna e cultura organizacional*. São Paulo: Scortecci, 2002.

________. A dimensão interna da comunicação pública. *XXXI Congresso Brasileiro de Ciências da Comunicação* (2008). Disponível em <www.intercom.org.br/papers/nacionais/2008/resumos/R3-2065-1.pdf>. Acesso em novembro de 2008.

DUTRA, Joel. *Gestão de pessoas – Modelo, processos, tendências e perspectivas*. São Paulo: Atlas, 2014.

DUTRA, Jussara. O caminho da inovação. *MELHOR – Gestão de Pessoas*, São Paulo, nº 307, p. 82, junho de 2013.

ETZIONI, A. *Organizações modernas*. São Paulo: Pioneira, 1964.

FLEURY, Maria T. O desvendar a cultura de uma organização - uma discussão metodológica. In: FLEURY, M.T.; FISCHER, R. *Cultura e poder nas organizações*. São Paulo: Atlas, 1992.

FREITAS, Sidineia Gomes. Liderança e poder: um enfoque comunicacional. In: MARCHIORI, Marlene (org.). *Liderança e comunicação interna*. Rio de Janeiro: Senac, 2014.

GRANDO, Giselle Bruno. Redes formais e informais por um diálogo interno mais eficaz. In: MARCHIORI, Marlene (org.). *Liderança e comunicação interna*. Rio de Janeiro: Senac, 2014.

GUEDES, Élida Neiva. *Já não bastam mídias, campanhas e eventos: a comunicação interna precisa construir sentido*. Disponível em: <www.abracorp.org.br/anais2008/gt7_neiva.pdf>. Acesso em: 20 nov. 2014.

HOBBES, Thomas. *Leviatã ou Matéria, forma e poder de um estado eclesiástico e civil*. São Paulo: Nova Cultural, 1999.

KELLERMAN, Barbara. *O fim da liderança: como a liderança mudou e de que forma podemos resgatar sua importância*. Rio de Janeiro: Elsevier, 2012.

KREEPS, Gary. *La comunicación en las organizaciones*. Buenos Aires: Addison Wesley Iberoamericano, 1995.

KUNSCH, Margarida K. *Planejamento de relações públicas na comunicação integrada*. São Paulo: Summus, 2003.

________. *Novos desafios para o profissional de comunicação*. Disponível em www.portal-rp.com.br/bibliotecavirtual/relacoes-publicas/teoriaseconceitos/0084.htm. Acesso em 20 nov. 2014.

MANSI, Viviane. *Comunicação, diálogo e compreensão nas organizações – Narrativas de liderança*. 2014. 219 p. Dissertação (Mestrado em Comunicação) Faculdade Cásper Líbero, São Paulo.

MARCHIORI, Marlene. *Cultura e comunicação organizacional: um olhar estratégico sobre a organização*. São Caetano do Sul: Difusão, 2006.

________. (org.). *Faces da cultura e da comunicação organizacional*. São Caetano do Sul: Difusão, 2006b.

________. Comunicação interna: um fator estratégico no sucesso dos negócios. In: MARCHIORI, Marlene (org.). *Liderança e comunicação interna*. Rio de Janeiro: Senac, 2014.

MARCONDES FILHO, Cyro. *Até que ponto, de fato, nos comunicamos? Uma reflexão sobre o processo de individualização e formação*. São Paulo: Paulus, 2004.

MENEZES, José Eugenio de O. *Ecologia da Comunicação: uma metáfora sistêmica para estudo dos fenômenos comunicacionais*. Disponível em: < http://www.revista.tecccog.net/index.php/revista_tecccog/article/view/32> Acesso em 23 nov. 2014.

MORIN, Edgar. *O método I: a natureza da natureza*. Portugal: Publicações Europa-América, 1977.

________. Da necessidade de um pensamento complexo. In: MARTINS, Francisco Menezes; SILVA. Juremir Machado da. *Para navegar no século XXI*. Porto Alegre, RS: Sulina, 2000.

________. A comunicação pelo meio (teoria complexa da comunicação). *Revista Famecos,* Porto Alegre, nº 20, p. 7-12, abril 2003.

________. *O método 3. O conhecimento do conhecimento*. Porto Alegre, RS: Sulina, 2005.

________. *Introdução ao pensamento complexo*. Porto Alegre: Sulina, 2011.

NASSAR, Paulo. *Comunicação interna: a força das empresas*. Aberje, 2006.

________. O uso das novas tecnologias de acesso ao virtual. In: KUNSCH, M.M. (org.) *Obtendo resultados com relações públicas*. São Paulo: Pioneira Thomson Learning, 2006a.

PICHON-RIVIÈRE, E. *Psicologia da vida cotidiana*. São Paulo: Martins Fontes, 1998.

PINHO, J. B. *Comunicação das organizações*. Viçosa: Ed. UFB, 2006.

RAIGADA, José L. *Teoria de la comunicación y gestión de las organizaciones*. Madri: Sintesis, 1997.

RECH, Jane. Intranet: Compondo a rede autopoietica da organização complexa. In: SCROFERNEKER, Cleusa Maria Andrade (org.). *O diálogo possível: Comunicação organizacional e paradigma da complexidade*. Porto Alegre: EDIPUCRS, 2008.

ROUSSEAU, Jean-Jacques. *O contrato social e outros escritos*. São Paulo: Cultrix, 1980.

SCHEIN, Edgar H. *Organizational culture and leadership*. San Francisco: Jossey-Bass, 1986.

SCHÖN, D. *The refletive practioner: how professionals think in action*. Nova York: Basic Books, 1983.

SCHULTZ, Igor. Visão sistêmica do engajamento. *MELHOR – Gestão de Pessoas*, São Paulo, nº 322, p. 226, setembro de 2014.

SCROFERNEKER, Cleusa Maria Andrade (org.). *O diálogo possível: comunicação organizacional e paradigma da complexidade*. Porto Alegre: EDIPUCRS, 2008.

________. Afinal, o que é comunicação interna? In: DORNELLES, Souvenir Maria Graczyk (org.). *Relações públicas: quem sabe, faz e explica*. Porto Alegre: EDIPUCRS, 2011.

SELETZKY, Serge. *L'enterprise orgaNETisée*. Paris: Dunod, 2002.

SMALLWOOD, Norm; ULRICH, David. *Sustentabilidade da liderança – Sete disciplinas para transformar intenções em ações eficientes*. São Paulo: HSM Editora, 2014.

SOSTER, Ana Regina de Moraes. A complexidade e o Shopping Center Iguatemi de Porto Alegre – A estratégia de compreensão do jogo. In: SCROFERNEKER, Cleusa Maria Andrade (org.). *O diálogo possível: Comunicação organizacional e paradigma da complexidade*. Porto Alegre: EDIPUCRS, 2008.

SOUZA, César. *Manifesto do Neomanagement: empresariado carreiras e negócios no mundo pós-moderno*. São Paulo: edição do autor, 2012.

TORQUATO, Gaudêncio. *Tratado de comunicação organizacional e política*. São Paulo: Thomson, 2002.

VERCIC, A. T.; VERCIC, D.; SRIRAMESH, K. Internal communication: definition, parameters, and the future. *Public Relations Review*, nº 38, p. 223-30, 2012.

VIZEU, Fábio. A liderança transformacional: reciprocidade pela ação comunicativa. In: MARCHIORI, Marlene (org.). *Liderança e comunicação interna*. Rio de Janeiro: Editora Senac, 2014.

WELS, Ana Maria Córdova. As assessorias de comunicação social dos órgãos públicos prismatizados sob a luz do paradigma da complexidade – Uma abordagem com foco em organizações públicas do poder executivo estadual. In: SCROFERNEKER, Cleusa Maria Andrade (org.). *O diálogo possível: Comunicação organizacional e paradigma da complexidade*. Porto Alegre: EDIPUCRS, 2008.

A seguir, seguem as matérias e artigos analisados da revista MELHOR.

ABREU, Vanderlei. Todos por um. *MELHOR – Gestão de Pessoas,* São Paulo, nº 306, p. 38-42, maio de 2013.

BATISTA, Sidnei. Os diálogos, como devem ser. *MELHOR – Gestão de Pessoas*, São Paulo, nº 325, p. 60-64, dezembro de 2014.

BRUIN, Daniel. O pêndulo da comunicação. *MELHOR – Gestão de Pessoas*, São Paulo, nº 294, p. 66, maio de 2012.

CAPPELLANO, Thatiana. Há gestão sem comunicação interna? *MELHOR – Gestão de Pessoas*, São Paulo, nº 320, p. 74, maio de 2014.

CARDOSO, Marcelo. O líder e o clima organizacional. *MELHOR – Gestão de Pessoas*, São Paulo, nº 325, p. 74, dezembro de 2014.

CARVALHO, Gumae; MENDONÇA, Danielle. ...E todos por um. *MELHOR – Gestão de Pessoas*, São Paulo, nº 318, p. 30-38, maio de 2014.

________. Respeite a estratégia. *MELHOR – Gestão de Pessoas*, São Paulo, nº 325, p. 30-39, São Paulo, dezembro de 2014.

________. Pra frente, Brasil! *MELHOR – Gestão de Pessoas*, São Paulo, nº 292, p. 34-49, março de 2012.

CHEROBINO, Vinicius. Base sólida. *MELHOR – Gestão de Pessoas*, São Paulo, nº 286, p. 50, setembro de 2011.

DE LUCCA, Dum. Diálogo: a ponte entre duas culturas. *MELHOR – Gestão de Pessoas*, São Paulo, nº 325, p. 22-27, dezembro de 2014.

DE SIMONE, Renan. Integração nos tempos pós-modernos *MELHOR – Gestão de Pessoas*, São Paulo, nº 283, p. 74, junho de 2011.

DONADÃO, Dorival. A razão de ser. *MELHOR – Gestão de Pessoas*, São Paulo, nº 321, p. 50, agosto de 2014.

FERNANDEZ, Claiton. A arte de influenciar pessoas. *MELHOR – Gestão de Pessoas*, São Paulo, nº 324, p. 90, novembro de 2014.

GOMÉZ, Natalia. Como formar um líder. *MELHOR – Gestão de Pessoas*, São Paulo, nº 282, p. 32-39, maio de 2011.

________. Due diligence humana. *MELHOR – Gestão de Pessoas*, São Paulo, nº 293, p. 30-38, abril de 2012.

________. Caminhos mortais. *MELHOR – Gestão de Pessoas*, São Paulo, nº 295, p. 40-46, junho de 2012.

________. A conquista digital. *MELHOR – Gestão de Pessoas*, São Paulo, nº 304, p. 40-46, março de 2013.

________. A construção do líder. *MELHOR – Gestão de Pessoas*, São Paulo, nº 306, p. 28-36, maio de 2013.

GONÇALVES, Marianna. A evolução da gestão colegiada. *MELHOR – Gestão de Pessoas*, São Paulo, nº 322, p. 48-54, setembro de 2014.

HETSCHKO, Karin. É de casa, mas não caseiro. *MELHOR – Gestão de Pessoas*, São Paulo, nº 305, p. 22-26, abril de 2013.

________. Vamos construir uma empresa melhor juntos. *MELHOR – Gestão de Pessoas*, São Paulo, nº 319, p. 26-34, junho de 2014.

HUMBERTO, Ricardo. Humanizar a gestão. *MELHOR – Gestão de Pessoas*, São Paulo, nº 306, p. 44-48, maio de 2013.

JARETA, Gabriel. Alta fidelidade. *MELHOR – Gestão de Pessoas*, São Paulo, nº 286, p. 56, setembro de 2011.

JEBAILI, Paulo. Juntos. E agora? *MELHOR – Gestão de Pessoas*, São Paulo, nº 272, p. 18-30, julho de 2010.

_______. O ouro da base. *MELHOR – Gestão de Pessoas*, São Paulo, nº 282, p. 46-50, maio de 2011.

LEÃO, Natália. Tradição preservada. *MELHOR – Gestão de Pessoas*, São Paulo, nº 298, p. 56, setembro 2012.

MARINO, Caroline. Sugestão do dia. *MELHOR – Gestão de Pessoas*, São Paulo, nº 323, p. 44, outubro de 2014.

MATOS, Gustavo Gomes de. A mesma língua. *MELHOR – Gestão de Pessoas*, São Paulo, nº 322, p. 136-138, setembro de 2014.

MELHOR. Gestão descompassada. *MELHOR – Gestão de Pessoas*, São Paulo, nº 301, p. 26, dezembro 2012.

_______. Opção "curtir". *MELHOR – Gestão de Pessoas*, São Paulo, nº 311, p. 52-54, outubro de 2013.

_______. Desapegados do ego. *MELHOR – Gestão de Pessoas*, São Paulo, nº 318, p. 12-14, maio 2014.

MENDONÇA, Camila. Comunicar bem para produzir mais. *MELHOR – Gestão de Pessoas*, São Paulo, nº 298, p. 72, setembro 2012.

MIRANDA, Carolina Sanchez. Nos bons e maus momentos. *MELHOR – Gestão de Pessoas*, São Paulo, nº 312, p. 40-50, novembro de 2013.

_______. Tão longe, tão perto. *MELHOR – Gestão de Pessoas*, São Paulo, nº 282, p. 40-43, maio de 2011.

_______. Cuidar do ambiente e das pessoas. *MELHOR – Gestão de Pessoas*, São Paulo, nº 311, p. 66-67, outubro de 2013.

_______. Engajar pela sustentabilidade. *MELHOR – Gestão de Pessoas*, São Paulo, nº 322, p. 124-132, setembro de 2014

_______. Falar abertamente e ouvir sempre. *MELHOR – Gestão de Pessoas*, São Paulo, nº 323, p. 48-49, outubro de 2014.

_______. Visão de futuro. *MELHOR – Gestão de Pessoas*, nº 323, p. 50, outubro de 2014.

MORGATO, Cristina. Um novo par. *MELHOR – Gestão de Pessoas*, São Paulo, nº 307, p. 16-24, junho de 2013.

MUSSAK, Eugenio. Razão ou solução? *MELHOR – Gestão de Pessoas*, São Paulo, nº 317, p. 52, abril de 2014.

PEREIRA, Regina Giannetti D. Habilidades certas. *MELHOR – Gestão de Pessoas*, São Paulo, nº 288, p. 48-50, novembro de 2011.

QUINTANILHA, Leandro. Conversar para crescer. *MELHOR – Gestão de Pessoas*, São Paulo, nº 311, p. 60, outubro de 2013.

SANTOS, Edival. Parceiros de negócios. *MELHOR – Gestão de Pessoas*

SILVA, Renata. Do papel para a prática. *MELHOR – Gestão de Pessoas*, São Paulo, nº 316, p. 30-37, março de 2013.

SOBRAL, Jacqueline. Falar, ouvir e entender. *MELHOR – Gestão de Pessoas*, São Paulo, nº 298, p. 82-87, setembro 2012.

________. Boas-vindas com o pé direito. *MELHOR – Gestão de Pessoas*, São Paulo, nº 311, p. 74, outubro de 2013.

________. Na contramão do mercado. *MELHOR – Gestão de Pessoas*, São Paulo, nº 321, p. 30-35, agosto de 2014.

SPERANDIO, Patrícia. Cuidar para envolver. *MELHOR – Gestão de Pessoas*, São Paulo, nº 298, p. 68, setembro 2012.

TEIXEIRA, Patrícia. Ainda o que prevalece é o olho no olho. *MELHOR – Gestão de Pessoas*, São Paulo, nº 318, p. 16-20, maio 2014.

TORIKACHVILI, Silvia. Carreira em transição e evolução. *MELHOR – Gestão de Pessoas*, São Paulo, nº 324, p. 38-45, novembro de 2014.

ZUGAIB, Eduardo. O risco da emissão. *MELHOR – Gestão de Pessoas*, São Paulo, nº 312, p. 3031, novembro de 2013.

Entre em sintonia com o mundo

Qualitymark Editora Ltda.
Rua Teixeira Júnior, 441 - São Cristóvão
20921-405 - Rio de Janeiro - RJ
Tel.: (21) 3295-9800
Fax: (21) 3295-9824
www.qualitymark.com.br
E-mail: quality@qualitymark.com.br

Dados Técnicos:

• Formato:	14 x 21 cm
• Mancha:	11 x 18 cm
• Fonte:	OptimaLTStd
• Corpo:	11
• Entrelinha:	13
• Total de Páginas:	248
• 1ª Edição:	2016